Augustin Weltzel

Geschichte des edlen und freiherrlichen geschlechts von Eichendorff

Augustin Weltzel

Geschichte des edlen und freiherrlichen geschlechts von Eichendorff

ISBN/EAN: 9783742866417

Hergestellt in Europa, USA, Kanada, Australien, Japan

Cover: Foto ©ninafisch / pixelio.de

Manufactured and distributed by brebook publishing software (www.brebook.com)

Augustin Weltzel

Geschichte des edlen und freiherrlichen geschlechts von Eichendorff

Geschichte

des

edlen und freiherrlichen Geschlechts von Eichendorff

nach Handschriften und Urkunden bearbeitet

von

Augustin Weltzel,

Geistlichem Rath, Pfarrer von Tworkau, der Gesellschaft für vaterländische Cultur, des Vereins für Geschichte und Alterthumskunde Schlesiens, des Museumvereins für schlesische Alterthümer, der Gesellschaft für Geschichte und Alterthumskunde Pommerns ordentlichem und der historisch-statistischen Section Mährens Ehrenmitgliede ꝛc.

Ratibor 1876.

Im Selbstverlage des Verfassers.

Vorwort.

Vorliegende Broschüre ist zum größten Theile der Abdruck einer Serie von Artikeln, welche die Rattbor-Leobschützer Zeitung vor Kurzem gebracht. Es lag mir daran, in den Lesern dieser Zeitschrift, welche lediglich die Zeitereignisse und Tagesbegebenheiten registrirt, auch das Andenken an Land und Leute der Umgegend aus den letzten beiden Jahrhunderten zu erneuern. Hatte ich doch bei Berathung über die Nothwendigkeit einer Herausgabe dieses Lokalblattes zugesagt, bisweilen einen historischen Artikel zu liefern und ist der Aufsatz: Wanderung durch Ratibor im Jahre 1375, welcher einen Einblick in die innern und äußern Verhältnisse dieser alten Stadt vor 500 Jahren gewährt, beifällig aufgenommen worden. In den Kämpfen der erregten Gegenwart gewährt es einige Erholung, sich bisweilen in die ruhigere Vergangenheit zu versetzen und geschichtliche Darstellungen, die sich auf die nächste Umgebung beziehen, erwecken ein besonderes Interesse.

Als der Humanist Wimpheling, der in Straßburg die historischen Studien förderte, 1506 eine Sammlung der Quellen für die Geschichte des Oberrheins herausgab, schrieb er in der Vorrede: „Wir wollen mit diesem Werke der engern Heimath als dankbare Söhne eine pflichtschuldige Ehrengabe widmen. Was könnte uns auf Erden theurer sein, als der Boden, der uns geboren, auf dem wir herangewachsen, mit dem alle Erinnerungen der Jugend verbunden sind. Dieser Boden giebt Kunde von dem Leben unserer Vorfahren und birgt deren Gebeine und darum lernen wir, wenn wir seine Vorzeit studiren, unsere eigene Vergangenheit kennen."*)

Auch für mich galt es, wieder nach längerem Schweigen einen Theil der Ehrenschuld abzutragen um durch Vorführung edler Charactere aus der vaterländischen Geschichte die Liebe zur theuren Heimath zu wecken. Aus meinen reichen Sammlungen genealogischer und topographischer Notizen aus der Vorzeit Oberschlesiens wählte ich für vorliegenden Zweck als Thema ein Geschlecht aus, das in den letzten Jahrhunderten in der Umgegend angesessen, mit mehren Orten des Kreises begütert war und dem ein Mitglied aus jüngerer Zeit einen besonderen Glanz verlieh.

Wenn ich eine kurze, gedrängte Chronik jeder einzelnen oberschlesischen Herrschaft, welche die Familie längere Zeit inne hatte, beifügte und besonders die Vorbesitzer und den Kaufpreis angab, hatte ich zur Absicht der Gegenwart einen kleinen Einblick in die Verhältnisse der Vorzeit zu gewähren. Manche der genanten Geschlechter sind im Zeitenstrom untergegangen, andere blühen noch fort und dürfte es deren Nachkommen zur Freude gereichen, ihren Ahnen hier zu begegnen.

(* Janssen Gesch. der Deutschen Vorzeit (Freiburg 1876) I, 100.

III

Die Arbeit ist nicht nach der Schablone geordnet, wie sie für Familiengeschichten vorgeschrieben ist, sondern dem ursprünglichen Leserkreise angepaßt. Daher beginnt sie unmittelbar mit der Einwanderung einiger Mitglieder des Geschlechts Eichendorff aus der alten Heimath nach Oberschlesien und erwähnt im Fortgange nur beiläufig solcher Vorfahren, für welche aus älterer Zeit authentische Nachrichten vorliegen. Für diejenigen, die sich specieller für die Ahnen des Geschlechts interessiren, sind als Nachträge noch einige Notizen eingereiht worden.

Wenn ich über den von den Genealogen angegebenen Ursprung des eblen Geschlechtes schweige, wonach ein baierischer Krieger im Jahre 928 bei der Belagerung der Feste Brandenburg von König Heinrich I. den Ritterschlag erhalten haben soll, so liegt der Grund darin, daß ich, nur auf urkundlichem Material bauend keinen Beweis für jene Behauptung beibringen kann. Im Gegentheile meine ich, daß, weil diese Notiz mit einer andern aus viel späterer Zeit verbunden wird, wonach sämmtliche Namen der damals in den Adelstand Erhobenen in der Sanct Marienkirche bei Brandenburg aufgezeichnet waren, was sich nur auf das Album und die Ritter des von Kurfürst Friedrich 1440 gestifteten Schwanenordens bezieht, so hat ein späterer unkritischer Berichterstatter die Creirung der Ordensritter auf den Ritterschlag nach Bekämpfung der Wenden auf dem Harlunger Berge, wo eine Kirche erst 1140 gebaut worden, übertragen. Mir selbst hat aus dem Familienarchiv ein altes, aus der Zeit vor 1720 stammendes Schriftstück vorgelegen, worin im Anfange Ereignisse mit Namen und Zahlen zusammengestellt werden, die einem Historiker kein geringes Lächeln abgewinnen, am Schluß aber wahrheitsgetreu, weil von Augenzeugen, das Vorhandensein von Eichendorff'schen Schildern in jener seit 1722 zerstörten Kirche gemeldet wird.

Im ersten Bande sämmtlicher Werke des Josef Freiherrn von Eichendorff ist eine ausführliche Biographie des Dichters vorangestellt. Hier hätte ich reichen Stoff für die Lebensgeschichte einiger Familienglieder gehabt, aber ich begnügte mich, nur einzelnes Charakteristische herauszuheben, anderes, was nur allgemein erwähnt wird, mit genauen Daten zu fixiren und Manches, was für die Umgebung von Ratibor von Interesse ist, aus dem Munde zuverlässiger Zeugen hinzuzufügen. Auf Excerpte aus Literaturgeschichten, welche den Romantiker und dessen Werke behandeln, bin ich gar nicht eingegangen, habe jedoch solche, um Allen möglichst zu genügen, in dem nachfolgenden Quellenverzeichnisse zur Geschichte der Familie angeführt.

So mancher der älteren Leser kannte nicht blos den Dichter, sondern hatte auch Gelegenheit, die allgemeine Herzlichkeit und Gastfreundlichkeit der Frau Caroline Freiin von Eichendorff geb. v. Kloch zu bewundern. Ueberhaupt stehen die beiden Herrenhäuser Schillersdorf-Tworkau und Lubowitz in gutem Andenken. Schon dieser letzte Umstand bewog mich, bald nach meiner Ansiedelung am hiesigen Orte über diese Freiherrnfamilie specielle Studien anzustellen und habe ich deswegen seit fast zwei Dezennien allen Quellen zur Erforschung der Vorgeschichte nachgespürt, namentlich auch für diesen Zweck während meines Aufenthaltes in Berlin als Mitglied des Abgeordnetenhauses 1863—1866 nach eingeholter Genehmigung des Ministerpräsidenten das Königliche Geheime Staatsarchiv ausgebeutet. Die Personalacten über die Eichendorff im Königlichen Staatsarchive zu Breslau hatte ich schon bei frühern Besuchen benutzt. Das Schlesische Landesarchiv zu Troppau gewährte mir in jüngster Zeit, da Stellvertretung im Amte nicht mehr gestattet ist und wissenschaftliche Reisen mir deshalb unmöglich geworden, die große Auszeichnung, ältere Akten zur bequemeren Durchsicht ins Haus zu schicken.

Ebenso haben mir die Pfarrer Richter von Lubowitz und Postulka von D. Krawarn die Kirchenmatrikeln, letzterer auch die betreffenden Fundationsurkunden zur Benutzung nach Tworkau befördert. An Excerpten lieferten auf mein Gesuch Archivar Eduard Edler v. Mayer in Kremsier aus der fürstbischöflichen Lehnsregistratur über Sedlnitz, der k. k. Regierungsrath Leopold Swoboda Edler v. Fernow besonders aus der Troppauer Kirchenmatrikel, der k. Kreisgerichtsdirector Hellmann in Deutsch-Krawarn aus der Troppauer Landtafel, der Bibliothekar des Deutschen Reichtages Dr. Potthast aus seltenen, mir schwer zugänglichen Druckwerken. Der Königliche

Major a. D. Eduard v. Fehrentheil-Gruppenberg in Breslau und der Königliche Hauptmann a. D. Hans v. Prittwitz-Gaffron, dessen Citate aus Drucksachen mit Angabe der Seite für jede einzelne schlesische Adelsfamilie überaus reichhaltig sind, haben mir wie bei den zwei größeren Werken: Geschichte der Oppersdorf und Praschma, welche der Publikation noch entgegensehen, auch hier wieder treuen Beistand geleistet.

Vor allen aber statte ich den tiefgefühltesten Dank ab dem K. Hauptmann a. D. Rudolf Freiherr v. Eichendorff in Liegnitz, der mir nicht nur das ganze Familienarchiv zur Disposition stellte, sondern auch einzelne Anfragen auf das freundlichste beantwortete.

Tworkau, den 11. November 1876.

Der Verfasser.

Quellen.

Handschriftliche:

Das Familienarchiv enthält einen alten Stammbaum und eine unvollständige Ahnentafel, Atteste, Abschriften, Excerpte aus Matrikeln ꝛc.

In der fürsterzbischöflichen Residenz zu Kremsier, aus der Lehnshofregistratur die Belehnungen mit Sedlnitz.

Das Schloßarchiv zu Tworkau bewahrt Käufe, Recognitionen, Verträge, Testamente, Proceß-Acten, Quittungen ꝛc.

Das Troppauer Landesarchiv bietet für die Geschichte des Adels und dessen Grundbesitz einen reichen Schatz in der Landtafel nnd Proceßacten gegen Friedrich v. Eichendorf von 1716 bis 1721.

Das Ratiborer Kreisgericht besitzt die Grundbücher von Deutsch-Krawarn, Schillersdorf, Lubowitz, Tworkau ꝛc.

Die Kirchenmatrikeln in Deutsch-Krawarn beginnen mit dem Jahre 1667, in Tworkau von 1714 ab. Die Lubowitzer reichen bis 1709 zurück; doch ist das Taufbuch von 1749 bis 1766 bei dem Brande, welcher die Pfarrei, zwei Scheuern und Schuppen in Asche legte, mitverbrannt.

Das Königl. Staatsarchiv zu Breslau liefert Material in den Personal- nnd Fürstenthum-Jägerndorf-Acten, wie auch in den Landbüchern der Fürstenthümer Oppeln-Ratibor und in der Lorenzen'schen Privilegien-Sammlung.

Das Königl. Geheime Staatsarchiv zu Berlin enthält mehre die Familie Eichendorff betreffende Fascikeln von 1744 bis 1818.

b. Gedruckte:

Sinap Schles. Curiositäten (Leipzig 1728) II., 330.

Wrbczanski Necleus minoriticus (Prag 1744) 300.

(Haymann.) Gesammelte Nachrichten von Schlesien (Breslau 1743) v. 595.

(v. Herzberg.) Landb. der Mark Brandenburg (Berl. 1781.)

Zimmermann, Beschr. v. Schlesien (Brieg 1783) II. u. III.

Schlesische Provinzialblätter. (Breslau 1785—1875.)

Schwoj, Topographie Mährens. (Wien 1794) I., 180.

Hellbach, Adelslexicon. (Ilmenau 1825) S. 345.
Wohlbrück, Geschichte des Bisthums Lebus. (Berlin 1829) I., 427, 602, II. 216, 502.
Wolny, die Markgrafschaft Mähren. (Brünn 1835) I., 431.
Wolny, Bisthum Olmütz. (Brünn 1863) V. 277. Zedlitz-Neukirch, Neues Preußisches Adelslexicon (Leipzig 1836) II., 113.
Riedel, Codex diplom. Brandenb. 35 Bände (Berlin 1838—1868).
Dorst, Schles. Wappenbuch (Görlitz 1848) N. 317.
Personal Chronik der Schles. Landsch. (Breslau 1852) 62.
Berghaus, Landbuch der Mark Brandenburg, (Brandenburg 1854—56.)
Ledebur, Adelslexicon (Berlin 1855) I., 194, III., 245.
Rud. Gottschall, Deutsche Nat.-Literatur (Bresl. 1855)
Gothaer Freiherrl. Taschenbuch 1857 S. 166; 1858 S. 141.
E. Fidicin Territorien der Mark Brandenburg. (Berlin 1858) II., 35.
v. Knesebeck, Rittermatrikel der Altmark. (Magdeburg 1859), 47.
Stammbuch des blühenden und abgestorbenen Adels (Regensburg 1860) I. 323.
Kneschke, Deutsches Adelslexicon (Leipzig 1861) III., 56.
v. Mülverstädt, Sammlung von Ehestiftungen (Magdeburg 1863.)
L. Götze, die Pröpste des Domstifts St. Nicolai zu Stendal. (Stendal 1863)
Vierter Jahresbericht und Mittheilungen des historischen statistischen Vereins zu Frankfurt a. d. O. (1864), S. 33.
Josef Freiherr v. Eichendorffs Werke (Leipzig 1864) S. 3—222.
Triest, Topographie von Oberschlesien. (Breslau 1865.)
Barthels, Deutsche Nat.-Literat. (1866.)
Brockhaus, Convers.-Lexicon. (Leipzig 1868) V.
Fontane, Oderland. 1868, S. 415, 442.
Dettinger, Moniteur de dates. 1869.
Notizenblatt der hist. stat. Section Mährens (Brünn 1871) 82.
Lindemann, Bibliothek deutscher Classiker (Freiburg 1871) III., 100.
Zeitschrift für Schlesien. (Breslau 1873) XI., 487.
Biermann, Herzogthum Troppau. (Teschen 1874) 567, 589.
Rietstap, Armorial général. (Amsterdam 1875).

Zu den ältesten Geschlechtern Deutschlands überhaupt, wie auch zu den edelen Familien, die in Oberschlesien Jahrhunderte lang angesessen waren und denen die Gegenwart ein ehrendes Andenken bewahrt, gehören die Freiherrn von Eichendorff. Besonderen Glanz und Ruhm verlieh dieser Familie ein Mitglied, in welchem das deutsche Volk den talentvollsten Dichter der romantischen Schule, die Kirche einen ihrer treuesten Söhne, der Staat einen hochverdienten Beamten feiert.

Wie der Sturm manch Samenkorn weithin trägt und dasselbe auf fremdem Boden fröhlich gedeiht, so führte der dreißigjährige Krieg das Eichendorff'sche Geschlecht aus der Neumark in das Fürstenthum Jägerndorf, wo es sich ansiedelte und kräftige Sprossen trieb.

Die Wiege der oberschlesischen Eichendorff wurde das an der Straße zwischen Troppau und Beneschau gelegene Deutsch-Krawarn. Dieser Ort, der zu den bevölkertsten Dörfern des Kreises Ratibor gehört, ist zugleich einer der ältesten der ganzen Gegend.

Krawarn taucht schon 1221 zur Zeit des Königs Ottokar I. von Böhmen in der Geschichte auf und gab dem hochberühmten und mächtigen Adelsgeschlechte von Krawarz den Namen. Ausgezeichnete Feldherrn und Rechtspfleger, Gründer von Städten und Klöstern sproßten aus diesem Stamme hervor. Auch der höhere Clerus fand aus ihm einige Vertreter. Ladislaw von Krawarz war von 1403 bis 1408 Bischof von Olmütz und in Ratibor begegnen wir unter den Prälaten des Collegiatstiftes dem Johann Ludwig Anton Freiherrn von Krawarz und Tworkau, der 3 Jahre in Rom studirt hatte, Domherr der Kathedrale und Cantor der Kreuzkirche zu Breslau, am 22. Sept. 1689 Dekan in Ratibor wurde,

wo er 1715 resignirte. Wok von Krawarz stand in solchem
Ansehen, daß er 1276 seine Hand einer Königstochter bieten
durfte, Schwiegersohn Ottokar II. und Schwager des Herzogs
Nicolaus von Troppau wurde. Das Geschlecht besaß an
Gütern mehr als den fünften Theil von Mähren. Ja ein
Obergau, das Kuhländchen, will von demselben sogar den
Namen ableiten, da Krawarz „der Kuhhälter", Krawarna „der
Kuhstall" bedeutet. — Der Stamm theilte sich in mehrere Aeste
und Zweige, die je nach den Besitzungen verschiedene Namen
erhielten, aber dasselbe Geschlechtswappen bewahrten. Die
älteste Linie ging schon 1466 aus.

Auf Krawarn selbst begegnen uns aus dieser Familie 1247
die Brüder Witek und Habold; 1280 erscheint Wok auf
Krawarn und Zbislav auf Kauthen. Als 1377 das Land
Troppau unter die 4 herzoglichen Brüder getheilt wurde, erfahren wir, daß Wenzel von Krawarz Gut und Burg Krawarn,
die Dörfer Kauthen, Hoschitz, Piltsch, Rösnitz, Wischkowitz,
Wrbkau, Komerau besaß und aus benachbarten Orten Bezüge
hatte. Im Jahre 1420 verkaufte Peter (von der Linie)
Straßnitz das Dorf Krawarn an Nicolaus von Schlewitz.
1538 war der Oberstkämmerer Ulrich v. Tworkau auf
Krawarn auf dem Fürstentage in Breslau, verschied
1542 und erhielt ein Epitaph in der Klosterkirche zum heil.
Geist in Troppau; 1574 erwarb Christoph Elbel von Hart-
mannsdorf Krawarn und die Hälfte von Kauthen. Nach
dessen 1578 erfolgtem Tode verkauften dessen Söhne Christof
und Abraham Elbel ihren Besitz dem Daniel Macak von
Ottenburg, der 2 Jahre später auch die andere Hälfte Kau-
thens von Georg Bernhard von Tworkowsky-Krawarz an sich
brachte. Von den Söhnen Macaks hatte Georg 1600 einen
Antheil Hoschitz, Mathus Krawarn und Kauthen. Letzterer
starb 1605 und folgte ihm dessen Sohn Caspar auf Kauthen,
Jakob auf Krawarn; letzterer starb am 2. Januar 1609. Der
Bruder erbte, wurde Landrichter und war mit Helene Donat
von Gr.-Polom verehelicht.

Bald darauf tritt als Besitzer beider Dörfer Michael
Sendiwoy Freiherr von Skorkau auf, dessen Erbtochter
Veronica Marie den kaiserlichen Rittmeister Jakob von
Eichendorff 1626 zur Ehe nahm und ihm mit ihrer
Hand die Güter Krawarn und Kauthen zubrachte. Der
Mansfeld'sche Einfall in Oberschlesien 1627 traf den neuen
Besitzer hart. Auch die Braupfanne wurde ihm genommen
und erst 1634 ersetzt. Obgleich der Gutsherr immer nur

zu 4 Scheffeln Malz braute, wurden doch von 1636 bis 1642 im Ganzen 1188 Achtel geliefert, von denen er 585 zum Verkauf absetzte, und pro Achtel 21 Kreuzer Zapfengeld versteuerte.

Eichendorff, der wahrscheinlich zu der großen Zahl von Convertiten aus jener Zeit und Gegend gehörte, präsentirte 1639 und 1652 katholische Priester zur Pfarrei Deutsch-Krawarn, zu welcher damals Hoschitz als Filiale und die in Oesterreich-Schlesien gelegenen Ortschaften Mokrolasetz und Stetin gehörten. Die Gattin, welche unterm 5. Mai 1632 vom Herzog von Troppau Carl Euseb. Fürst Liechtenstein Vollmacht zu testiren erhalten, machte am 28. Mai 1641 ihr Testament und scheint bald darauf gestorben zu sein. Der Wittwer errichtete in der Pfarrkirche eine Gruft und Todtenkapelle für alle Mitglieder der Eichendorff'schen Familie. Als er 1654 das Testament der Gattin und die fürstliche Testirungsvollmacht in die Jägerndorfer Landtafel eintragen ließ, wird er Kämmerer des Fürstenthums genannt. 1656 wurde er Rath und Landeshauptmann. Die Ermächtigung zu testiren ertheilte ihm der genannte Fürst am 7. Juli 1662 auf Schloß Waltitz und wird Eichendorff in der Urkunde Rath, Landeshauptmann und Oberstkämmerer genannt. Er starb kinderlos am 23. Januar 1667, nachdem er aus der Hand des Pfarrers Samuel Schönowski die Gnadenmittel der Kirche empfangen. Von seinen beiden Brüdern Heinrich und Adolf, die in der Landtafel IV. Band, S. 6 und 9 erwähnt werden, war Ersterer mit Francisca Helena v. Kotulinsky vermählt, die in zweiter Ehe den Heinrich Freiherr v. Tharoul ehelichte.

Im Besitz der Güter, die durch den Erwerb von Wrbkau noch vermehrt wurden, folgte der durch Testament eingesetzte Neffe Hartwig Erdmann, welcher der Stammvater der oberschlesischen Eichendorff wurde. Im Magdeburgischen und im Brandenburgischen war das

Geschlecht schon lange angesessen. Degenhard von Eichendorff auf Wolmirsleben war vor 1450 mit einer Oda vermählt. Otto von Eichendorf auf Rabensleben führte 1544 eine Clara von Hacke heim. Dorothea, Tochter des Hans v. Eichendorf zu Straußberg brachte 1610 ihrem Gatten Valentin v. Sparr auf Greifenberg 1300 Gulden Mitgift zu.

Einzelne Mitglieder der Familie waren Ritter des Schwanenordens, den Kurfürst Friedrich II. von Brandenburg am Michaelistage 1440 gestiftet hatte. Sitz des Ordens war die Marienkirche auf dem Harlunger Berge bei Brandenburg, die 1722 zerstört wurde. Dort hingen nach alten Familienpapieren auch die Schilde der Eichendorff mit den Ordensinsignien, einer Kette, an welcher das Bild unserer lieben Frau und ein Schwan, das Symbol der Herzensreinheit und des steten Andenkens an den Tod, befestigt war.

Heinrich v. Eichendorff auf Zerbow, einem südöstlich von Cüstrin gelegenen Dorfe, hatte in der Ehe mit einer von Lindenberg aus dem Hause Morschen mehrere Kinder hinterlassen, von denen Jakob, Heinrich und Abolf in Kriegsdienste traten, Burchard aber vermählt mit einem Fräulein v. Hörn aus dem Hause Schönau und Gr. Kirschbaum auf Zerbow folgte. Die 1631 in der Neumark grassirende Pest raffte alle dort wohnenden Mitglieder der Familie hin. Nur Hartwig Erdmann, ein Sohn des Burchard, blieb übrig und wurde von den bestellten Vormündern erzogen.

Als Oheim Jakob auf Krawarn, der noch in kaiserlichen Diensten stand, den Tod seines Bruders und der übrigen Verwandten erfuhr, ließ er den Neffen abholen und in seinem Hause erziehen. Erdmann, zu einem Jünglinge herangewachsen, trat als Fähnrich zunächst in das Rochow'sche Regiment, später in das des Obrist Hans Christof Ranft v. Wiesenthal, bei dem er $3\frac{1}{4}$ Jahre diente, sich in Feldschlachten, Belagerungen, Stürmen und Scharmützeln tapfer bezeigte und, als nach Beendigung des dreißigjährigen Krieges auf kaiserlichen Befehl 2 Compagnien des Regiments reducirt wurden, seinen Abschied erhielt. Den Paß stellte ihm der Obristlieutenant des Ranft'schen Regiments zu Fuß, Georg Seifried von Lembsitz und von Ottendorf auf Harmansdorf sub dato Klosterneuburg am 12. Juni 1649 aus.

Hartwig Erdmann reiste 1650 in die Heimath, um den väterlichen Nachlaß zu ordnen und heirathete nach seiner Rückkehr nach Schlesien Sidonie geborene Freiin von Larisch, Wittwe des am 2. Juli 1651 gestorbenen Franz Georg Orlik Freiherr v. Laziska auf dem bischöflichen Lehngute Sedlnitz in Mähren. Er erhielt vom Administrator, Olmütz den 2. Nov. 1654, die Erlaubniß, das Lehn zu kaufen, erwarb es am 20. Januar des nächsten Jahres für fünftausend rheinische Gulden von Nicolaus Felix Orlik Freiherr v. Laziska und erhielt am 12. Dec. desselben Jahres das Incolat in Mähren.

Sedlnitz, im Prerauer Kreise, bei Freiberg gelegen zur Hälfte Allod, zur Hälfte Lehngut des Olmützer Bisthums getrennt durch einen Bach gleichen Namens, bildete 1250 die Grenze der Herrschaft Hochwald und war ein Bestandtheil der Burg Stramberg, welche Markgraf Jodok 1380 dem Wok II. von Krawarn auf Jicin verlieh. 1408 kam Lehn Sedlnitz an Peter v. Krawarz auf Plumenau, der drei Jahre später starb. Nach dem Tode des Ctibor von Cymburg 1437 erhielt Wilhelm Pucklitz v. Posoritz das Gebiet. 1472 belehnte Bischof Prothasius v. Boskowitz mit dem halben Sedlnitz die Gebrüder Nicolaus und Georg v. Choltitz, welche sich von da ab Sedlnitzky nannten. Die Choltize sind Zweige der Krawarze, wie diese Aeste der Benessowe, die wieder von Saul Odrziwąz abstammen. Bekanntlich gehören auch unsere beiden Landesheiligen Hyacinth und Czeslav aus dem Hause Konski zu demselben Geschlecht und führen alle Linien das Wappen Odrziwąz, nämlich einen Pfeil, an dessen unterem Ende ein abgerissener Knebelbart sich befindet.

Ueber den Ursprung dieses Wappenbildes erzählen ältere Genealogen folgende Sage: Am Hofe eines Markomannenfürsten befand sich Saul, ein Ritter von ungemeiner

Tapferkeit und Stärke. Ein Riese am Hofe des griechischen Kaisers hörte davon und kam nach Mähren, um sich mit ihm zu messen. Bei einem Turnier verachtete der Fremdling den Saul, der klein von Person war. Darüber ergrimmt, griff Letzterer mit der Faust in des Riesen Gesicht und warf ihn zu Boden. Der Besiegte bedeckte sein verunstaltetes Gesicht mit der Hand und ging beschämt von bannen. Der König aber wollte sehen, was ihm abgerissen worden. Da zog der Kleine einen Pfeil aus dem Köcher, stieß ihn in die Beute und hob Nase, Lippen und Knebelbart empor. Der König befahl dem Sieger, den Pfeil und das abgerissene Stück zum ewigen Gedächtnisse im Schilde zu führen. Auch Wogstadt, eine Schöpfung des obengenannten Wol. v. Krawarz nach dem Jahre 1311, ursprünglich Wokenstadt genannt, führt dasselbe Wappen.

Der obengenannte Nicolaus v. Sedlnitzky, vermählt mit Barbara v. Kokorz, hinterließ Johann (Gattin Johanna v. Rziczan), welcher 1480 mit halb Sedlnitz belehnt wurde. Dessen Sohn Sigismund, vermählt mit Ursula Odersky v. Liderzow, folgte, und vererbte seinen Besitz an den einzigen Sohn gleichen Namens. Mit Anna Herbord v. Füllstein verehelicht ward er 1542 belehnt und starb 1547. Auf Sedlnitz folgte Nicolaus, bischöflicher Rath, dann von 1585 ab dessen Neffe Bernhard, der mit Magdalena v. Haugwitz vermählt 1608 starb.

Lehn Sedlnitz, welches die Sedlnitzky bis dahin besessen, verlieh Cardinal Fürst v. Dietrichstein seinem Neffen Maximilian, der es aber schon im nächsten Jahre nebst Hausdorf um 8000 Gulden dem Georg Berger v. Berg verkaufte. Als das Lehngut 1618 dem Bisthum heimfiel, wurde es für 10 Mille dem Carl Christof Orlik Freiherr v. Laziska gegeben, der 1644 starb. Dessen Sohn Franz Georg hinterließ 1651 die Wittwe Sidonie, die sich dann mit Hartwig Erdmann v. Eichendorff vermählte.

Nachdem die Landstände des Sternberger Kreises am 21. Juli 1655 für Hartwig Erdmann von Eichendorff den Nachweis über 16 Ahnen von Vater- und Mutterseite geliefert, auch Kanzler und Räthe der Churfürstlichen Brandenburg-Neumarkschen Regierung, Küstrin den 25. Juli 1655 auf Begehr bezeugt, daß das Geschlecht der Eichendorff von altem Adel und seit unvordenklicher Zeit das Gut Zerbau von der Landesherrschaft zu Lehn getragen, auch von den Nachbarn wohl gelitten und werthgehalten worden, erhielt er Brünn 13. März 1657 Aufnahme in die mährische Ritterschaft und das Sessionsrecht. Die Investitur von dem nächstfolgenden Bischofe erhielt er laut Originalrevers do dato Wischau 3. December 1663 und wurde dieselbe, da der Stuhl von Olmütz schon im Anfang des nächsten Jahres erledigt ward, vom Nachfolger am 3. December 1664 erneuert.

Durch den dreißigjährigen Krieg war der Bauernstand am schwersten geschädigt worden. Die sittliche Verwilderung führte zur Auflehnung gegen den Grundherrn. Auch die Unterthanen von Krawarn und Kauthen wollten 1669 die Frohndienste wegen vermeintlicher Ueberbürdung nicht leisten und sendeten, als einige eingesperrt wurden, eine Deputation an den Kaiser. Als im nächsten Jahre vier Compagnien Reiter in ihre Ortschaften gelegt und die meisten Männer gefangen nach Jägerndorf geführt wurden, befahl Leopold 20. Decbr. 1670 die Angelegenheit von einer Commission untersuchen zu lassen. 1673 wurden die Rädelsführer zu einjähriger Schanzarbeit verurtheilt, aber vollkommene Ruhe trat erst gegen Ende des Jahrhunderts ein.

Hartwig Erdmann, der in Krawarn residirte, wurde Rath sowohl des Fürstbischofs von Olmütz als des Fürst Liechtenstein, Oberstlandrichter im Fürstenthum Jägerndorf und Lehnrechtsbeisitzer im Markgrafenthum Mähren. In die Fußtapfen seines frommen Oheims tretend und um die Ortspfarrei besser zu dotiren, machte er am 20. Mai 1675 und 20. März 1676 eine Stiftung, wozu er aus den Einkünften des Gutes Krawarn 12 rheinische Gulden Interessen, Hutung für 6 Kühe und $1/2$ Eimer Bier von jedem Gebräu anwies, wofür alle Freitage abwechselnd für die lebenden und verstorbenen Mitglieder der Familie Eichendorff eine hl. Messe celebrirt werden solle.

Inzwischen war Hartwig am 31. Januar 1676 von Leopold I. zum provisorischen Landeshauptmann mit dem Titel eines kaiserlichen Rathes ernannt worden und erlangte, nachdem die Ritterschaft des Landes Sternberg im Fürstenthum Crossen 18. Juni 1670 die Abstammung von altem Adel bescheinigt, Wien 10. März 1679 die Freiherrnwürde. Das Wappenbild zeigt einen goldnen Ast mit 4 goldnen Eicheln im rothen Schilde; dasselbe Bild wiederholt sich auf dem schwarzen Helme.

Im Jahre 1682, kurz vor seinem Tode wurde der Freiherr als wirklicher Landeshauptmann bestätigt. Die Wittwe Anna Helena geb. Gräfin Praschma, die er in zweiter Ehe zur Gattin genommen, kaufte Rudzienitz und Krzizanowitz und schloß am 22. Februar 1686 auf Schloß Rudzienitz Ehepakten mit Max Ludwig Baron von Jaroschin.

Ehe wir von den Nachkommen des Freiherrn Erwähnung machen, wollen wir hier einige Verwandte aufzählen, die gleichfalls in der Umgegend angesessen waren:

Georg Wilhelm, der mit Einwilligung seiner Gattin Anna Rosina, Tochter des Heinrich Matuschka von Topolczan, am 24. August 1685 Dobersdorf an Carl Julius Freiherrn von Sedlnitzky um 8000 Thaler schlesisch und 225 Thaler Schlüsselgeld verkauft, starb am 3. Juni 1688 und wurde in der Familiengruft zu Krawarn beigesetzt.

Dem Georg Friedrich von Eichendorff, Sohn des vorhin genannten Georg Wilhelm auf Wrbkau, vermählt mit Anna von Wrbna wurde am 10. Nov. 1695 Maria Theresia Josefa geboren und in Deutsch-Krawarn getauft.

Ein anderer Georg Friedrich wurde am 9. Jan. 1692 mit Eva Salomena geb. Henn von Henneberg getraut. Aus dieser Ehe lebten 1717 noch 8 Kinder, von denen Eva Johanna in Troppau am 3. October 1730 mit dem Hauptmann im Alt-Würtembergischen Dragoner-Regiment

Joachim Friedrich Elsner getraut wurde. Ebendaselbst
empfingen die heil. Taufe:
Helene Antonie Osanna am 6. Juni 1705.
Carl Johann Josef am 28. October 1708.
Johann Friedrich Josef 6. November 1709.
Maria Barbara Victoria 30. November 1712.
Franz Anton und Carl Josef am 27. Inuar 1715,
 starben in der nächsten Woche.
Anna Rosa Cäcilie 23. November 1716.

 Fünf Wochen vor der Geburt des letzten Kindes
ereignete sich der traurige Vorfall, daß im Hause des
Johann Leopold Mosch von Bittendorf auf Slatnig bei
einem Gelage am 19. October ein Streit der Gäste da=
mit endete, daß Georg Friedrich dem Johann Ferdi=
nand Graf Oppersdorf seinen Degen durch den rechten
Oberschenkel stieß, in Folge dessen er an Verblutung
starb. Die Leiche wurde am 23. October nach Ober=
Glogau gebracht und in der Familiengruft bei den Mino=
riten bestattet. Die bei dem Landesarchiv zu Troppau auf=
bewahrten Proceßacten geben nähere Kunde über dieses
schmerzliche Ereigniß Der Graf war mit seiner Ge=
mahlin von Rubnik aus nach Slatnig zum Besuch ge=
kommen. Anwesend waren noch: Carl Josef Halama
von Giczin, der 32 Jahre alt war und aus Damas=
lowitz stammte; er war vom Gutsherrn eingeladen worden,
aber erst nach dem Essen dahin gekommen; auch Eichen=
dorff, der auf dem Niederringe in Troppau wohnte, war
durch einen expressen Boten auf das Schloß gebeten
worden, um den Grafen divertiren zu helfen; endlich
war noch Mathias Ignaz Janckwitz von Freyenfeld, ge=
bürtig aus Rabun, Wirthschaftsbeamter bei Graf Nayhaus,
44 Jahr alt, anwesend. Dem Weine war wacker zuge=
sprochen worden. Während die übrigen Gäste der Musik
zuhörten, unterhielten sich der Graf, Janckwitz und
Eichendorff am Fenster stehend über Jagd und Hunde.
Der Graf klagte, daß er in den letzten beiden Tagen

unglücklich gewesen, aber morgen wolle er es einbringen und gewiß drei Hasen bekommen. Darauf erwiderte Eichendorff: das müsse gehext sein, worauf jener replicirte: Bin ich denn ein Hexenmeister? Eichendorff betheuerte, er meine es nicht so schlimm. Inzwischen trat Mosch, der in der Küche den Kaffee bestellt, in's Zimmer und mahnte den Eichendorff, mit dem Grafen nicht zu zanken, dabei stieß er ihn auf die Seite, schlug nach ihm und rannte nach der Kammer. Jener, Böses vermuthend, sprang nach seinem Degen, der hinter dem Ofen stand, zog blank und durchbohrte in der Hitze den Grafen, der eben zu ihm trat und ihn beruhigen wollte, dergestalt, daß die Degenspitze eine Handbreit unter dem Schooß nicht bloß den rechten Schenkel durchdrang, sondern noch ein Stück in den linken reichte. Der Graf sank mit dem Ruf: Au weh, ich bin getroffen, zu Boden und verletzte sich, bei dem Fall nach dem Degen greifend, den Zeigefinger der rechten Hand. Eichendorff stürzte fort, v. Mosch und die gräflichen Diener (die beiden Kutscher, der Vorreiter und der Lakai) eilten nach, erreichten ihn im Felde und brachten ihn in's Schloß zurück.

Der stellvertretende Landeshauptmann Franz Bernhard Freiherr v. Lichnowsky, Edler Herr von Woschtitz auf Kuchelna, Köberwitz, Sczepankowitz, Rochow, Strandorf und Borutin, sendete den fürstl. Rath und Landrechtsbeisitzer Gothard Ignatz v. Schlangenfeld als Comissar nebst 2 der ältesten Chirurgen zur Aufnahme des Thatbestandes am 21. Oktober nach Slatnig. Die Aussagen des Eichendorff und Mosch wurden zu Papier gebracht, der Degen abgenommen und der unglückliche Mörder am nächsten Tage auf dem Rathhause in Haft gesetzt. Am 24., 27., und 30. October wurde unter Vorsitz des bereits genannten Landeshauptmannsvertreters, im Beisein der Rechtsbeisitzer: Oberstlandrichter Johann Ludwig Anton Freiherr von Reiswitz, Oberstlandschreiber Johann Georg v. Fragstein und Nimsdorf und des

Gothard v. Schlangenfeld eine Specialuntersuchung gehalten und die Zeugen — auch die fünf Musiker — vernommen.

Auf Requisition des Troppauer Amtes, welches besondere Frageartikel eingeschickt, wurde zu Ratibor am 21. October der gräfliche Bediente, der in Slatnig musicirte, Mathäus Czapla, gebürtig aus Loslau, in Gegenwart des Landeshauptmann der Fürstenthümer Oppeln-Ratibor, wirklicher Geheimer Rath, kaiserlicher Kämmerer Georg Adam Franz Reichsgraf von Gaschin, Edler Herr von Rosenberg auf Woischnik, Neukirch, Ratscher, Freistadt, Zyrowa, Sakrau, Czienskowitz und Bobzanowitz, im Beisein des Kanzler Leopold Constantin Graf v. Tencin, der Landrechtsbeisitzer Wenzel Leonhard Rogoisky v. Rogosnik und Wenzel v. Holy, endlich des Kammer-Prokurator Johann Samuel von Skronsky verhört.

Am 18. October wurde v. Mosch nochmals in Slatnig durch die Herren von Fragstein und Schlangenfeld befragt. Am 5. December 1716 unternahm Eichendorff einen vergeblichen Fluchtversuch. Am 6. Februar machte vor dem Vertheidiger des Eichendorff, dem fürstlichen Amtsadvokaten Gabriel Emanuel Neumann, der herrschaftliche Koch Elias Kinast, mehrere Aussagen, die auf die Heftigkeit des Gastgebers an jenem Nachmittage sich bezogen.

Das fürstliche Amt hatte verlangt, daß, so oft der Rechtsfreund, oder der Beichtvater den Gefangenen besuche, jedesmal ein Rathsherr oder eine Gerichtsperson gegenwärtig sei. Der Magistrat hatte sich über diese Neuerung bei dem Kaiser beschwert und Carl befahl, Wien 7. Januar 1717, dem Oberamt in Schlesien, das fürstliche Amt zu vernehmen und demselben aufzugeben, den Zutritt der Gattin, des Beichtvaters, Arztes und Bedienten, ohne Beisein eines Dritten dem v. Eichendorff nicht zu verwehren. Auf Bericht des Amtes vom

22. Januar über die beabsichtigte Flucht, befahl der Kaiser, Wien 1. März, ihn in sicherem, doch leiblichen Arrest zu halten. Am 13. März reichte der Gefangene bei der Landeshauptmannschaft eine Vertheidigungsschrift ein, in welcher er nachzuweisen versuchte, daß der Graf im Finstern in seinen Degen gerannt und nur in Folge versäumter Stillung des Blutes gestorben. Nicht einmal Schlagbalsamwasser habe man angewendet und so sei er durch die Vernachlässigung Anderer verschieden. Feindschaft habe er gegen ihn nie gehegt, da er vorher ihn zu kennen nicht die Ehre gehabt.

Die Troppauer Stände wendeten sich an das Prager Appellationscollegium um ein Informationsurtheil, was Fürst Anton Flor. v. Liechtenstein rügte. Der Landeshauptmann Graf Gaschin vernahm, Neukirch den 5. Juli 1717, die eidlichen Aussagen der gräflichen Diener. Auf die Bitte des Gefangenen vom 17. December 1717 den Alimentationssatz von 12 Kreuzer täglich zu erhöhen, bewilligte ihm das Amt täglich 21 Kreuzer. v. Mosch starb am 12. April 1718. Drei Tage vor seinem Tode stellte er mit Unterschrift und Siegel ein Zeugniß aus, daß v. Eichendorff nicht die Absicht hatte zu tödten, sondern daß der Tod zufällig durch Einlaufen in den Degen erfolgt; er (Mosch) habe den Handel angefangen, sei Urheber des Streits gewesen und habe in der Trunkenheit auf den v. Eichendorff losgeschlagen. Letzterer bat am 30. Juni, zu seiner Entschädigung für unschuldige Haft, Beschlag auf die Verkaufssumme von Slatnig zu legen, und ersuchte das Amt, ihn aus dem stinkenden Gefängniß zu erlösen. Da das Amt erwiderte, wie dies nicht in seiner Macht stehe, so wendete er sich an den Fürsten, welcher, Wien 27. August, befahl, die Unsauberkeit zu beseitigen.

Bei Durchsicht der Acten wurde, Januar 1719, für nöthig befunden, neue Fragen zu formiren und noch andere Zeugen zu berufen.

Am 20. October 1719 machte Eichendorff nochmals einen Versuch zur Flucht. Abends vorher hatte sich Franz v. Schlangenfeld bei ihm eingefunden und lange aufgehalten. Früh um 6 Uhr hörte der Wächter unter dem Fenster ein dreimaliges Pfeifen aus einem Schlüssel. Eichendorff stellte sich unpäßlich, klagte über Unwohlsein in Folge des am Abend zuvor genossenen Schwarzbieres, und verlangte in Unterkleidern herausgelassen zu werden. Als der Wächter ihn herunterbegleitet, in der Meinung, er wolle zur Hofthüre, eilte der Gefangene zur Rathhausthüre und lief in eine Nebengasse. Der Wächter setzte ihm nach und holte ihn ein, als er bei dem bürgerlichen Brauhause hinstürzte. Beide wälzten sich am Boden, der Wächter wurde gewürgt, wobei die Gattin half, die sich dort eingefunden hatte. Auf das Geschrei kamen einige Personen hinzu, auch die Stadtwache, und so brachte man den Entflohenen in's Gefängniß zurück.

Auf ein Gnadengesuch milderte der Kaiser, Wien 23. März 1720, die Todesstrafe in sechsjährige Haft auf dem Troppauer Rathhause oder in anderem sicheren Gewahrsam innerhalb des Fürstenthums. Seit dieser Zeit wurden ihm die Alimentationsgelder aus dem Steueramt gereicht. Auf neue Klage des Gefangenen, befahl der Kaiser, Laxenburg 30. Mai 1720, dem Magistrat, ein anderes Local ihm anzuweisen. Es wurde ihm gestattet, dann und wann frische Luft zu schöpfen; aber der Magistrat vergaß nicht zu bitten, für die Wachtunkosten unter benöthigter Obhut aus der Landeskasse bezahlt zu werden. Diese Wachtunkosten betrugen vom 19. April bis 12. November 34 Gulden. Im Ganzen beliefen sich die Ausgaben auf Verpflegung, Proceßkosten und Wächtergeld bis Ende Dezember 1720 auf mehr als 1800 Gulden.

Ende des nächsten Jahres schließen die umfangreichen Acten, ohne daß wir den Ausgang erfahren. Vielleicht leuchtete ihm ein Gnadenstern vor Ablauf der gestellten Frist, vielleicht erlöste der Tod den Dulder, der für eine augenblickliche Hitze schwer gebüßt.

Ein dritter Georg Friedrich v. Eichendorff, der am 1. December 1724 starb und in Deutsch-Krawarn begraben wurde, war erst 1678 geboren und vielleicht ein Sohn des Ferdinand Burchard.

Dem Hartwig Erdmann folgte im Besitz von Krawarn, Kauthen und Sedlnitz dessen Sohn Ferdinand Burchard, dem wir schon am 13. April 1677 als Taufpaten in Krawarn begegnen Er wurde am 2. Juni 1683 für Sedlnitz investirt und vermählte sich bald darauf mit Anna Hedwig, Tochter des Landeshauptmann von Jägerndorf Heinrich Matuschka von Topolczan auf Kalbaun, Auchwitz und Jacobsdorf. Streitigkeiten mit der Gemeinde Sedlnitz wegen der Frohnlasten wurden durch lehnsrechtliche Entscheidung vom 14. Aug. 1693 beigelegt. Bei der in Krawarn am 2. Februar 1694 stattfindenden Copulation des Franz Carl Baron von Sedlnitzky auf Polnisch-Ostrau mit Johanna Barbara, Tochter des Rudolf v. Sack, waren unser Freiherr Ferdinand und Wenzel Leopold Gusnar von Comorno Trauzeugen.

Am 12. Februar 1696 machte er bei dem in der Familiengruftkapelle neu errichteten Altare zur Barmherzigkeit Gottes eine Fundation, wonach alle Freitage nach der heil. Messe für die Familie die Litanei zum Namen Jesu und einige bestimmte Gebete verrichtet werden sollten, wofür dem Pfarrer 2 Fuder Heu und Hutung für 3 Pferde, dem Organist aber ein Stück Acker von 2 Scheffel Aussaat und Mithutung von 2 Stück Kühen ausgesetzt wurden. In der Stiftungsurkunde wird der Grundherr Rath des Herzogs von Troppau und Landrechtsbeisitzer im Fürstenthum Jägerndorf genannt. Als Herzog Carl von Lothringen Bischof von Olmütz wurde, meldete sich Ferdinand 14. Sep=

tember 1696 zur Homagialleistung. Er starb einige Jahre später, nämlich am 27 September 1699. In dem Nachlaßinventar werden 4 hinterbliebene Kinder erwähnt: Carl Max 18 Jahr, Rudolf 12 Jahr, Catharina Barbara 16 Jahr und Eleonore 8 Jahr alt. Die Wittwe folgte erst am 9. September 1716 im Tode nach und wurde am 11. in der Eichendorff'schen Gruft bestattet.

Von den bereits genannten Kindern des Ferdinand Burchard heben wir zunächst die beiden Töchter heraus: Catharina Barbara geb. 1683, in der Taufmatrikel am 19. October 1701 als Pathe verzeichnet, vermählte sich am 3. Juli 1703 mit Leopold Rudolf Freiherr von Poppen aus Jeschkowitz, der von seinem Vater dem Landeshauptmann Franz Ulrich Allod Sedlnitz, Dirschel, Liptin, Ehrenberg und Waissak erbte, 1724 Sedlnitz verkaufte, Odersch erwarb und dort 1733 starb.

Die jüngere Tochter Anna Eleonore Josefa wurde am 18. Februar 1691 geboren und hoben sie Georg Baron von Eichendorff und Frau Juliane Meissinger von Grzimalow aus der Taufe. Sie trat unter dem Ordensnamen Marie Leopoldine in das Kloster der heil. Clara zu Troppau.

Der älteste Sohn, Carl Maximilian, geb. 1681, meldete mit seinem Bruder zugleich, am 16. November 1700 die Huldigung an, und erfolgte die Investitur für Sedlnitz am 14. Mai 1703. Einige Jahre später erhielt er das Lehngut allein und bildet einen besonderen Zweig des Stammes, da dessen Nachkommen, bis zum Erlöschen dieser Linie 1795 Sedlnitz erbten, worauf es an den fortgrünenden Zweig gedieh. Auf die Descendenz kommen wir später zurück.

Johann Rudolf Franz, geb. am 10. März 1687, übernahm die schlesischen Besitzungen, cedirte 30. November 1709 dem Bruder Carl Maximilian den

Antheil Seblnitz, heirathete damals, noch ziemlich jung, nnd holte sich die Gattin aus dem benachbarten Hoschitz. Es war Anna Margareth, Tochter des Hauptmann Johann Theodor Smerowsky v. Litkowitz, und der Marie Elisabeth Pott Freiin von Lubras. Im Jahre 1721 baute er das Schloß in Deutsch-Krawarn, wie Jahreszahl nnd Wappen an demselben bezeugen. Die geräumige Schloß-kapelle, eine Rotunde mit Frescomalereien und Oratorien, war eine öffentliche und wurde an Sonn- und Feiertagen auch vom Volke besucht. Bisweilen zog man in Processionen dahin. Von 1724 bis 1738 war **Johann Rudolf** Oberstlandkämmerer des Fürstenthum Jägerndorf und ist sein Wappen im 8. Bande der Jägerndorfer Landtafel gezeichnet.

Im Jahre 1730 kaufte Johann Rudolf von der nachgelassenen Wittwe des Franz Rudolf Freiherr von Welczek, Elsbeth geb. Gräfin Neidhard Gr.-Dubensko, Gieraltowitz und Elgot-Gleiwitz für 27,000 rheinische Gulden, verkaufte aber diese Güter, wahrscheinlich weil sie zu weit abgelegen waren, einige Jahre später, und zwar Elgot 1733 an Anton Josef Tluk v. Toschonowitz für 6100 Thaler, Gr.-Dubensko und Gieraltowitz 1736 an Adam Rudolf von Tluk für 23,000 Thaler.

Die Gattin schenkte ihrem Gemahl mehrere Kinder, von denen einige in der Blüthe des Lebens hinwelkten, nämlich Rudolf Johann Josef geb. 5. Juni 1710., starb 8. Mai 1711, **Franz Carl Josef Peter Alcantara** geb 9. October 1713, starb am 5. März 1716, Caroline Josefa Elis., geb. 20. Mai 1717, starb 3. Mai 1723. Sie alle ruhen in der Crypta unter der Eichendorff'schen Kapelle. Die Mutter, welche ein ewiges Licht vor dem Sanctissimum in der Kirche zu Krawarn gestiftet, folgte ihnen 51$^{1}/_{2}$ Jahr alt am 14. Januar 1744 im Tode und am 16. in der Gruft nach. Ein königliches Edict hatte die Privattrauer der Gatten für einander und der Kinder für ihre Eltern auf ½ Jahr begrenzt, Johann Rudolf aber bat mit seinen Kindern im Juli, die Trauer um die Gemahlin resp. Mutter auf ein volles Jahr ausdehnen zu dürfen. Die letzten Jahre ihres Lebens waren durch die Kriege zwischen Preußen und Oesterreich beunruhigt worden. Zunächst hatte General Brown mit seinen Truppen Troppau besetzt, mußte sich aber bald hinter die Mora zurückziehen, da Schwerin Ende Januar 1741 die Stadt besetzte und Winterquartiere im Fürstenthum nahm. Getreide und Heu waren in die Magazine zu liefern. Als Schwerin fortgezogen, wurden die Fürstenthümer wieder mit österreichischen Truppen besetzt. Im Spätherbste aber kam jener wieder zurück, und hielt in der Umgegend Winterlager.

Auf den Sieg der Preußen bei Chotusiz folgte der Breslauer Friede am 11. Juni 1742 und ein zweijähriger Waffenstillstand. Als im Herbst, während 20 Tagen, durch die Commissare die Landsgrenze zwischen Schlesien und Oesterreich mit Errichtung von 110 Säulen regulirt wurde, war am 4. October der Baron v. Eichendorff zugegen, und wurde in seiner Gegenwart zwischen Kauthen und Krawarn die 57. Säule gesetzt. Für die jenseitige Feldmark Mokrolasetz war Josef Eichner, Verwalter des Freiherrn von Bock erschienen.

Freiherr Johann Rudolf erlebte noch die kleineren Kriegsvorfälle in der Nähe, den Wechsel des Waffenglücks und den Ende 1745 zu Dresden geschlossenen Frieden. Mit den hl. Sakramenten versehen ging er am 10. Novbr. 1750 in die ewige Ruhe und wurde sein Leichnam am 12. in der Eichendorff'schen Gruft beigesetzt. Er hinterließ seinen beiden Söhnen Rudolf Johann und Gottlieb Leopold die drei Dörfer Krawarn, Kauthen und Wrbkau nebst 7500 Gulden Kapital. Um die Aufeinanderfolge der Abstammung nicht zu unterbrechen, wollen wir von dem jüngeren Bruder und dessen Descendenz erst am Schlusse Mittheilungen machen.

Der ältere Sohn und Stammhalter des noch blühenden Geschlechts Rudolf Johann Nep. Josef Dominik Anton erblickte am 3. August 1711 das Licht der Welt und wurde vom Pfarrer Philipp Hoffmann getauft.

Nach dem Tode des Vaters übernahm er die Güter und zahlte dem Bruder, der Tworkau kaufte, die Hälfte des Tarwerthes aus. Zu dem Zwecke lieh er von Johanne Eleonore Josefa Gräfin Solms, geb. Gräfin Henckel, 5200 Gulden rhein., von Carl Wilhelm v. Eicke 10, vom Ursulinerinnenkloster in Breslau 19 Mille und da dies noch nicht zureichte, von Georg Ludwig Graf Nostiz auf Gläsersdorf, Generalmajor und Chef eines Dragoner-Regiments, 18,000 Rthlr. Am 24. Oct. 1753 zahlte er dem Bruder 70 und im nächsten halben Jahre 27 Mille.

Am 26. Nov. 1754 wurde er mit der am 25. Mai 1726 geborenen Wittwe Johanna geb. v. Salisch in Gegenwart zweier Geistlichen in der Pfarrkirche zu Deutsch-Krawarn vom Pfarrer Anton Kloß copulirt. Der Freiherr war ein Zeitgenosse des siebenjährigen Krieges. Der südöstliche Theil Schlesiens wurde erst 1758 heimgesucht, als nach Eroberung der Festung Schweidnitz Friedrich II. mit dem Heere über Troppau nach Olmütz zog. Als aber der König von dort nach einem andern Kriegsschauplatze eilte, besetzte der österreichische General Harsch die Gegend und bezog die Winterquartiere im Troppau-Jägerndorf'schen.

In das nächste Jahr fallen die Kämpfe zwischen den Generalen de Ville und Fouqué. Am 18. Nov. überfiel General Werner Troppau und Fouqué nahm Winterquartier daselbst. Später bis Sommer 1762, wo Scharmützel um Troppau vorfielen, war die Gegend ruhig.

Rudolf Johann starb, kaum 56 Jahre alt, am 11. Januar 1767 und hinterließ drei Söhne nebst einer Tochter, nämlich:

Adolf Theodor Rudolf, der am 9. Januar 1756 vom Ortspfarrer getauft wurde. Im Alter von 11 Jahren Waise geworden, erhielt er Franz August Graf v. Neuhaus auf Poßnitz zum Vormund, besuchte die Universität Frankfurt, brachte längere Zeit auf Reisen zu, stand 1782 und 1783 als Lieutenant des Anhalt'schen Infanterie-Regiments in Leobschütz. Inzwischen wurden die väterlichen Güter am 17. April 1782 meistbietend für 251,000 Floren an Anton Graf Schaffgotsch k. k. wirkl. Geh. Rath, Oberst-Hofmarschall verkauft. Ihm folgte 1811 sein Sohn, der k. Kammerherr Josef. Diese Güter kaufte 1815 Gabriel Rudno v. Rudzinski, dem 1820 der gleichnamige Sohn folgte. Des letzteren Schwester, Eufemia, vermählt mit Andreas Graf Renard auf Groß-Strehlitz, seit 1844 Grundherrin, verschönerte das Schloß und starb 26. April 1853. Der Sohn Hippolyt Graf Renard, erfreute sich nur kurze Zeit des Besitzes, da er ein viertel Jahr nach seiner Vermählung mit Laura Gräfin Henckel das Unglück hatte, auf einer Schnepfenjagd im Gr.-Stanischen Revier am 18. October 1855 durch das Losgehen seines Gewehres das Leben zu verlieren. Als Eigenthümer von Deutsch-Krawarn folgte Wilhelm Fontaine, der 1864 in den Adelsstand erhoben wurde.

Adolf Freiherr v. Eichendorff, bereits im 29. Lebensjahre stehend, suchte, nachdem er der Heimath lange entbehrt, einen Familienheerd zu gründen. Die Wahl der Lebensgefährtin fiel auf Caroline, Tochter des Major Carl Wenzel v. Kloch auf Lubowitz und Radoschau und der Marie Eleonore v. Hayn. Vielleicht hatte er die Braut kennen gelernt, als beide mit Rochus v. Waligorsky, Cornet bei dem Dalwig'schen Kürassierregiment, am 1. Juni 1782 in Lubowitz Pathen bei der Taufe der Tochter des Beamten Johann Bleß aus Ganiowitz gewesen. Fräulein Caroline ist in der Matrikel als künftige Erbin von Lubowitz und Radoschau eingeschrieben.

Das Brautpaar wurde in der Pfarrkirche zu Lubowitz, am 23. November 1784, vom Ortspfarrer Gregor Petricius getraut. Zeugen der Verbindung waren, außer dem Landrath Johann Heinrich v. Wrochen auf Dolendzin, zwei Kameraden des Schwiegervaters, nämlich der Rittmeister Ernst v. Kamienitz und der Major Jacob Ernst v. Zülow. Der Gatte kaufte Lubowitz, 23. August 1785, für 41,000 Thlr. und Radoschau für 87,000 Thlr. Die Schwiegereltern erfreuten sich des Glücks, bei ihren Kindern auf Schloß Lubowitz, wo heiterer Glanz und frohe Geselligkeit herrschte, den Lebensabend zuzubringen.

Der Name Lubowitz stammt aus dem Slavischen und hat seine Bezeichnung von der Ortslage, auf einem Höhenrande des linken Oderufers. Łeb, im Genitiv łba heißt nämlich Haupt, Helm, Sturmhaube; das Adjectivum lautet łbowy. In dem Kaufbriefe vom Jahre 1489 wird das Gut ausdrücklich Lbowic genannt. Daneben machten sich der leichtern Aussprache wegen zwei Formen geltend, eine anknüpfend an das gestrichene ł, Olbowitz, Albowitz, Elbowitz, und die andere durch Einschiebung eines dumpfen Vokals, Lubowitz, welche Bezeichnung dann geblieben. Beide Formen sind aufgeführt, als die Herzöge Wenzel und Nicolaus von Ratibor 1431 das Gut Lubowitz oder Olbowitz dem Gemahl der Dorothea Jomki schenkten. Als Curiosum ist anzuführen, daß, da dieser Kirchenort schon 1376 unter dem Namen Albowitz erwähnt wird, und im Slavischen albo mit lubo gleichbedeutend ist, der verdienstvolle, aber in Deutung von Ortsnamen oft unglückliche Verfasser der Diöcesangeschichte II, 119 sich weißmachen ließ: Lubowic möge im 14. Jahrhundert Albowic von albo und vices — lubovicus benannt worden sein. Danach würde Lubowitz Oderdorf bedeuten, wobei jedoch nicht an den im Thale sich hinschlängelnden Fluß zu denken ist, sondern an die Conjunction und das Adverb „oder", welche Redetheile aber niemals das Stammwort für Ortsnamen bilden. Im Jahre 1457 war Peter Albricht, später auch Olbrecht genannt, Pfarrer zu Elbowitz und derselbe 1464 Canonicus in Ratibor.

Am 24. März 1489 bestätigte Herzog Hans v. Troppau und Ratibor, daß Georg und Johann v. Lbowic ihr Gut für 200 ung. Gulden (Dukaten) dem Waniek Hossek von Grzegorzowitz verkauften. 1491 war der obengenannte Jan Lbowski mit mehreren Rittern in der Umgebung des Herzogs unter den Zeugen eines Vergleiches zwischen dem Jungfrauen-kloster und Daniel Scheliha über die Teichufer zwischen Bogunitz und Gurek. Im nächsten Jahrhundert treten Mitglieder der Familie Wranicki v. Wranin, denen auch Slawikau gehörte, als Besitzer von Lubowitz auf, namentlich 1551 bis 1560 Waclaw, der als Schloßhauptmann von Ratibor 1574 starb, und dem der Sohn Niclaus auf Lubowitz folgte. Des letztern Bruder, Adam, wurde 1576 in Ratibor während des Marcellijahrmarkts ermordet. Niclaus, vermählt mit Eva v. Dobschütz, machte im December 1594 sein Testament, das nach seinem Tode (circa 1610) eröffnet wurde, und hinterließ als Erben den Sohn Sigismund.

Von 1646 bis 1723 waren die Lichnowsky v. Wosczitz Besitzer; nämlich zunächst Adam, jüngster Sohn des auf Kuchelna, Strandorf, Pischcz und Owschicz angesessenen Bernhard von Lichnowski, der 1637 gestorben war. Adam, vermählt mit Elisabeth Lessota v. Steblau, hinterließ einen Sohn Franz Albrecht, der dreimal zur Ehe schritt: 1. im Jahr 1673 mit Polyrena Eufemia, Tochter des Joachim Ludwig Graf Gaschin auf Orzegow bei Ungar-Brod, 2. mit Catharine Sofie, Tochter des Sigismund Jaroslav v. Strbenský auf Popelau Radziejow Chwalowitz, Peterswalde, seit 1650 auf Kuchelna und Ratschin, 3 mit Anna Therese, Tochter des Heinrich v. Salisch. Ferdinand Wilhelm Trach v. Birkau, 1610 von protestantischen Eltern geboren, am Hofe des Bischofs Sebastian v. Rostock erzogen und katholisch geworden, erhielt am 24. September 1665 die Priesterweihe und wurde schon am 23. December desselben J. in Centawa als Pfarrer eingeführt. Acht Jahre später kam er nach dem Tode des Gregor Woznik auf Präsentation des Franz Albert v. Lichnowsky nach Lubowitz, wo er am 11. März 1674 investirt wurde. Am 8. Juli 1680 wurde er Domherr am Collegiatstift zu Ratibor und starb 1700. 12 Jahre vorher hatte er ein neues Pfarrhaus in Lubowitz gebaut, das schönste im ganzen Archipresbyterat; doch hatte der Hof keinen Brunnen, und mußte das Wasser aus der Oder geholt werden. Acht Ortschaften gehörten zur Parochie, aber den Garbenzehnten erhielt der Pfarrer noch von andern bis nach Sohrau zu gelegenen Dörfern, was einen Beweis für das hohe Alter der Pfarrkirche gibt.

Nach dem im Jahre 1700 erfolgten Tode des Franz Albrecht folgte der Sohn Erdmann Jaroslav v. Lichnowsky, der sich mit der Wittwe des Waclav Hynek v. Larisch, Beate Eleonore v. Salisch vermählte, und am 30. Sept. 1723 Lubowitz an Anton Ferdinand Harassowsky v. Haras für 10,500 Thlr. verkaufte. Auch dieser war mit einem Fräulein v. Salisch, nämlich mit Marie Caroline verehelicht. Der Vorbesitzer v. Lichnowky lebte 1741 in Krappitz. Franz Wilhelm Josef v. Harassowsky, vermählt mit Francisca v. Aulok, verkaufte 1756 Lubowitz an Gottlieb Rudolf Gusnar v. Komorno und dieser schon 1765 an Carl v. Kloch, der, am 4. Januar 1726 geboren, in Brieg studirte, Capitain bei Tauenzien, später Major wurde und am 24. Mai 1799 starb. Die Schl. Provinzialblätter setzten ihm S. 261 ein Denkmal.

Radoschau 1353 zuerst erwähnt, gehörte ursprünglich zur Herrschaft Cosel. Sus. Gräfin Oppersdorff verkaufte 1626 das Gut dem Wenzel Bees v. Chroscin auf Steblau für 8000 Thlr.; Georg Freiherr v. Bees 1639 dem Friedrich v. Slewitz auf der Vogtei Leschnitz und dieser sofort dem Georg v. Lippa, in dessen Familie es bis 1764 blieb, wo es Graf Geßler für 14,250 Thlr. kaufte. Im nächsten Jahre erwarb es Joseph v. Brix und 1769 Hauptmann v. Kloch, 1785 dessen Schwiegersohn Adolf Freiherr v. Eichendorff.

Adolf Freiherr von Eichendorff kaufte 1791 die Herrschaft Tost=Peiskretscham und zog alljährlich der Sommerfrische wegen mit seiner Familie nach dem neuen Besitzthum. Das nordwestlich von der Stadt Tost auf einem steilen, waldigen Hügel gelegene Schloß mit seinen 4 Thürmen, Erkern und Schießscharten hatte noch ein mittelalterliches Gepräge und verfehlte nicht auf die älteren Söhne Wilhelm und Josef, die früh schon ihr Talent zur Dichtkunst zeigten, einen tiefen Eindruck zu machen Am 29. März 1811 brannte das Schloß ab; das Feuer wüthete in den inneren Räumen durch vier Wochen, ohne daß man demselben Einhalt thun konnte.

Der Freiherr hatte schon 1797 diese ferngelegene Herrschaft für 594,333 Rth. an Franz Graf Gaschin auf Wyssoka verkauft, da er inzwischen in unmittelbarer Nähe von Lubowitz einen ansehnlichen Besitz erworben Er hatte nämlich am 23. Mai 1795 für 106,000 Rth. die Herrschaft Slawikau, wozu Grzegorzowitz, der Oberwald, Summin und Gurek gehörten, erkauft.

Slawikau ist einer der ältesten Kirchorte im Kreise

Ratibor, welcher dem edlen Geschlechte von Sigrod den Beinamen gab. Bischof Laurentius von Breslau consecrirte 1223 die Kirche in Zlavicovo, welcher Ort damals dem Graf Werner gehörte. Als weitere Besitzer treten auf 1360 Leuthold, 1415 Mrokko, 1423 bis 1427 Czenko. Im Jahre 1451 bestätigte Herzog Wenzel v. Ratibor den Verkauf des Gutes von Stanek Zygrob an Niclaus v. Holy für 280 Mark. Die Sigrod zogen in das Fürstenthum Oels. 1520 begegnen wir auf Slawikau dem Niclaus v. Holy; Wladislaw v. Holy machte 1530 sein Testament, worauf Niclaus v. Scheliha „Buren" auf Czerwentzig in den Besitz von Slawikau kam. Nach dessen 1536 erfolgtem Tode theilten sich die Söhne in die väterliche Hinterlassenschaft also: Valentin und Georg übernahmen Slawikau, Bartholomäus Czerwentzig und ein Haus in Ratibor. Von 1551 ab treten die v. Wranicky als Besitzer auf und zwar 1551 Paul, 1571 Mathias, 1575 Niclaus, der 1582 Gr.-Slawikau, Wronin, Grzegorzowitz und Ganiowitz dem Biergeldeinnehmer und Kammerprocurator Mathias Nos v. Grabow auf Smolnitz verkaufte. 1595 erwarb der Landeshauptmann Georg Freiherr von Oppersdorf auf Ober-Glogau die Herrschaft, die aber dessen Sohn Friedrich 1625 wieder veräußerte. Der nächste Besitzer Heinrich Stoltz von Simsdorf, vermählt mit Helene geb. Rottenberg, machte Septuagesima 1648 sein Testament und starb bald darauf. Slawikau und Grzegorzowitz kaufte 1649 Johann Bernhard v. Praschma Freiherr v Bilkau auf Rybnik, der 1655 Graf wurde. 1556 übernahm dessen ältester Sohn Carl Ferdinand den Besitz, worauf Johann Bernard Graf Praschma auf Ujest folgte.

Gregor Alois Wonsik, Pfarrer von Slawikau und Lubowitz, war von 1661 ab Canonikus in Ratibor, und starb 1674.

Joh. Bern. Graf Praschma verkaufte 1688 Slawikau und Grzegorzowitz seinem gleichnamigen Vetter auf Nieder-

Sworklan für 10,000 Rth. Letzterer tauschte am 15. Juni 1701 die Herrschaft (17 Mille Werth) gegen Kieferstädtel, (30 Mille) für eine Summe, mit Silvius Erdmann Freiherr v. Trach, der am 28. Juli 1710 starb. Die Wittwe, Agnes Gottliebe Caroline geb. Freiin Bludowska, heirathete am 5. November 1713 den Polnischen Geh. Cabinetsrath Ernst Christof von Manteuffel, und verkaufte 1731 Slawikau, Grzegorzowitz, Summin und Gurek an den polnisch-sächsischen Hofrath Friedrich Gregor v. Lautensac für 38,000 Gulden. Letzterer hatte am 13. März 1731 den Ritterstand erhalten und vermachte im Testament 1761 der abgebrannten Kirche zu Mistiz, das er 1752 für 7610 Fl. erworben, zum Wiederaufbau 200 Rth. Die ehemalige Kirche zur hl. Catharina war $17\frac{1}{2}$ Ellen lang, 12 Ellen breit, hatte zwei Altäre, ein Tabernakel, einen Taufstein uud eine Hufe Acker; das Pfarrhaus aber dieser Filiale von Slawikau war schon über 100 Jahre eingegangen. Lautensac war churfürstlich sächsischer Resident am Wiener Hofe und starb 1761. Wilhelmine Elis. v. Lautensac hatte sich mit dem Oberforstmeister Caspar Heinrich v. Ingersleben und deren Tochter Hedwig Sofie (geb. 20. Januar 1713) am 9. August 1744 mit dem Kammerrath Johann Gottlob v. Drechsler vermählt, der von Friedrich Gregor v. Lautensac adoptirt, als Erbbesitzer folgte und 1772 mit Tode abging. Die Wittwe starb 16. November 1792. Erben wurden die beiden Herren v. Ingersleben, Major Friedrich Wilhelm Heinrich Ferdinand und Landrath Carl Friedrich Ludwig, welche 1795 die Herrschaft an Adolf Freiherr v. Eichendorff auf Tost und Lubowitz verkauften, der zwei Jahre vorher Land-Aeltester geworden.

Adolf, der 1791 Radoschau für 87 Mille seinem Bruder Rudolf überlassen, und 1795 Mitbesitzer des Lehnguts Seblnitz geworden, nahm, als seine Mutter am 18. September 1798 zu Radoschau gestorben, dies

Gut wieder an sich und starb am 27 April 1818 zu Lubowitz. Ein Denkstein in der Wand am Altare erinnert an den ehemaligen Besitzer. Die Wittwe folgte ihm am 15. April 1822 im Tode nach.

Vincent Fererius Sarcander geb. 30. Sept 1758 stand 1782 als Lieutenant des Altanhalt'schen Infanterie-Regiments in Frankenstein, wo wir ihm noch Februar 1783 begegnen, kaufte drei Jahre später vom Herrn v. Heugel für 27,000 Thlr. Maßlisch-Hammer mit Dombrowe bei Trebnitz, verkaufte es aber schon 1789 an Baron v. Richthofen für 32,000 Rthlr. Er starb zu Lubowitz am 23. November 1823.

Sofie Elisabeth Hedwig geb. 9. Juli 1761, copulirt am 28. Mai 1782 in der Kirche zu Deutsch-Krawarn mit dem Capitain bei dem Regiment Dalwig, Ernst v Kamienitz. Zeugen waren Wilhelm Leopold August Graf Geßler auf Obersch und Dirschel und Oberst Johann Wilhelm v Manstein bei demselben Kürassier-Regiment. Die Gattin erlangte am 16. Februar 1784 Volljährigkeitserklärung und vorzeitige Mündigsprechung. v. Kamienitz kaufte am 9. Juni 1784 für 36,000 Thlr. Kl.-Gorzütz und Uhylsko von der Mindesstandesherrschaft Loslau, wurde Oberst und starb schon 1799. Die Wittwe zog nach Gleiwitz, wo sie am 29. Mai 1825 starb.

Rudolf Josef Benedict Johann, als Posthumus geboren am 7. März 1767, erhielt Sebast. v. Kehler auf Rakau als Curator, studirte in Frankfurt an der Oder die Rechtswissenschaft, bat Sept. 1788 um allerhöchste Ertheilung der venia aetatis, wurde 1789 mündig erklärt, kaufte 1791 vom Bruder Adolf Radoschau, wurde 11. Januar 1793 Landesältester des Coseler Kreises und behielt dies Amt bis zum Verkauf des Gutes am 3. Mai 1798. Er ging nach Wien, wohnte 1832 daselbst auf der Wieden und starb am 8. März 1845.

Von den vorgenannten Brüdern pflanzte nur der älteste, nämlich Adolf den Stamm fort. Die Gattin schenkte ihm nämlich folgende Kinder:

Wilhelm Josef Ernst geb 14. Sept. 1786, der stete Begleiter seines Bruders Josef in der Kindheit und Jugendzeit, getauft am 18. desselben Monats. Paten waren: Wilhelm Graf Geßler auf Dirschel, Ernst v. Kamienitz, Major des Dalwig'schen Regiments, Josefa Gräfin Nayhaus geb. Baronin Welczek aus Bladen, Hedwig verwittwete v. Drechsler auf Slawikau. Am 1. Septbr. 1799, 30. April 1801 und 18. Septbr. 1803 hob er die Kinder des Lubowitzer Amtsverwalters Carl Heisig aus der Taufe. Wilhelm Josef Ernst trat 1813 in österreichische Dienste. Die Acten über die Emigrationsangelegenheit des Wilhelm in die österreichischen Staaten befinden sich im Königl. Geh. Staatsarchiv zu Berlin. Er wurde Gubernialrath und Kreishauptmann von Trient und führte eine Tirolerin heim, der er bei seinem Tode zu Innsbruck am 7. Januar 1849 sein Vermögen vermachte.

Josef wurde am 10. März 1788 geboren und erhielt in der Taufe die Namen Josef Karl Benedict Seine Paten waren Wilhelm Graf Geßler auf Dirschel, Josefa Gräfin v. Nayhaus geb. Freiin v. Welczek auf Bladen und der Oheim Ernst v. Kamienitz. Die romantische Umgegend von Lubowitz, die mannigfachen Festlichkeiten in dem gastlichen Herrenhause, das aus den Wipfeln eines reizenden Gartens weithin sichtbar sich erhebt, die geistreiche und auch durch körperliche Schönheit ausgezeichnete Mutter, das Alles trug zur frühen Entwicklung und poetischen Richtung der Kinder viel bei. Die Erziehung im elterlichen Hause leitete ein würdiger Geistlicher, der spätere Erzpriester von Zirkwitz, Bernard Heinke, dem wir schon im Februar 1796 in Lubowitz begegnen. In den Wissenschaften wurden die Knaben durch einen Hofmeister unterrichtet. In der Kindheit las Josef gern im einsamen Garten die alten deutschen Volksbücher mit den neuen Holzstichen, den Wandsbecker Boten und das neue Testament. Am liebsten wählte er dazu den Sitz im Wipfel eines hohen Birnbaums am Abhange des Gartens, von wo er über das Blüthenmeer der niedern Bäume weit in's Land schaute, oder an heißen Nachmittagen die dunklen Wetterwolken über den Rand des Waldes auf sich zukommen sah. 1799 machte er mit den Eltern eine Reise über Dresden nach Prag. Dem würdigen Kaplan in Lubowitz, Paul Cupke, der 1810 Pfarrer von Autischkau wurde und als Commorant in Ostrog am 10. April 1855 starb, hat unter dem Namen Victor der Dichter in seinem Hauptwerke, das viele Reminiscenzen aus der Jugend enthält, ein Denkmal liebender Erinnerung gesetzt.

Josef war 15. December 1800 Pathe, als ein dem Jäger Josef Schöpp in Lubowitz von dessen Gattin Anna geborene von Agnes geborenes Knäblein getauft wurde.

Wie begabt Josef schon als Knabe war, geht daraus hervor, daß er im 10. Lebensjahre ein Trauerspiel aus der römischen Geschichte verfaßte, bei dessen Durchlesung er bis zu Thränen gerührt wurde. Herbst 1801 traten beide Brüder in das Convict des katholischen Gymnasiums zu Breslau, und brachten zu den Ferien stets einige Mitschüler in die Heimath. 1805 bezogen sie zusammen die Universität Halle, von wo aus sie im Herbst den Norden Deutschlands besuchten. Da die Hochschule auf Befehl Napoleons, der den dort herrschenden patriotischen Geist unter Professoren und Studenten fürchtete, aufgelöst wurde, kamen sie August 1806 in Begleitung einiger Commilitonen nach Lubowitz zurück. Nachts vom Plateau aufsteigende Raketen verkündeten weithin die Heimkehr der frohen Jünglinge. Josef ging auch bisweilen nach Troppau, wo sich ein entfernter Oheim, Jo-

hann Friedrich Baron von Eichendorff auf Schillers=
dorf, während der Wintersaison aufzuhalten pflegte.

Das Bombardement Cosels vom 4. Februar bis
Anfangs März 1807, das die Fenster auf Schloß Lu=
bowitz erzittern machte, haben die Studenten noch ge=
hört, dann reisten sie nach Heidelberg, wo sie mit Görres,
von Arnim und Brentano in nahe Verbindung traten.
Im nächsten Frühlinge gingen sie nach Paris und kehrten
im Spätsommer in die Heimath zurück, wo sie zwei
Jahre weilten und dem alternden Vater in der Land=
wirthschaft beistanden. Um einige Freunde in der Re=
sidenzstadt zu besuchen und dabei zugleich die Oberufer
kennen zu lernen, machten sie im Herbst 1809, die lang=
weilige Fahrt auf einem Kahn nicht scheuend, die Reise
zu Wasser und Lande nach Berlin und kehrten, da Josef
an einem heftigen Nervenfieber lange darniederlag, erst
im nächsten März zurück. Ein Ausflug nach dem Jagd=
schloß Summin fand häufig statt. Ein beständiger Be=
gleiter auf allen Reisen der Jünglinge war der Leib=
jäger Jacob Schöpp, der Bruder des Försters in Summin.
Er ließ sich später in Ostrog als Stellenbesitzer nieder
und erwarb sich, durch Schenkung seines Gartens zum
Bauplatze der Kirche, ein bleibendes Verdienst.

Während des längeren Aufenthaltes in Oberschlesien
lernte der Dichter seine nachmalige Gattin, die am 18.
Juli 1792 zu Niewiadom geborene, und am 20. des
Monats in der Pfarrkirche zu Rybnik getaufte Aloysia
Anna Victoria, Tochter des Johann Nepomuk v. Larisch
auf Pogrzebin und der Helene von Centner kennen,
eine schöne geistreiche und zugleich häusliche Jungfrau,
die ihre Erziehung in einem Pensionat zu Neisse ge=
nossen und den Bräutigam durch Gegengedichte erfreute,
welche sich ebenso durch correcte Form als gefühlvollen
Inhalt auszeichnen. Gar oft trug das Roß den Freier
nach Pogrzebin zur jugendlichen Braut, obgleich seine
Eltern eine glänzendere und reichere Partie lieber gesehen

hätten. Aber die Wahl war gut. Das Haus von Larisch war fromm und brav. Der Vater Johann Nepomuk hatte 1780 auf dem von Cisterziensern geleiteten Gymnasium zu Rauden studirt und nach dem Tode des Anton Baron von Kalkreuth im Jahre 1800 im Werthe von 19,500 Thl. das Rittergut Pogrzebin übernommen, wo er einen Schloßkaplan hielt. Nach dem Verkauf des Gutes im Jahre 1829 an Josef Doms lebten mehrere Mitglieder der Familie v. Larisch in Ratibor. — Das zum Volksliede gewordene, herrliche Abschieds-Gedicht:

Wer hat dich, du schöner Wald,
Aufgebaut so hoch da droben?

datirt aus dem Herbst 1810.

Im October wandten sich die Brüder nach Wien und bestanden alle Staatsprüfungen mit Auszeichnung, verkehrten auch in den höchsten Kreisen der Gesellschaft. Das Haus des Friedrich von Schlegel war der Mittelpunkt der literarischen Freunde. Dort wurde das Brüderpaar auch mit Philipp Veit, dem berühmten Maler, innig befreundet. In jene Zeit fällt die Ausarbeitung des ersteren größeren Werkes „Ahnung und Gegenwart", nachdem Josef seine bisherigen lyrischen Erzeugnisse unter dem Namen Florens veröffentlicht hatte.

Als er 1812 in dem Gedicht „das Flügelroß" seine Braut ersuchte, mit und neben ihm die Welt zu durchwandern, erfreute ihn Aloysia aus Pogrzebin mit folgender Antwort:

Wohl wird es oft so öde
Im Walde wie im Haus,
Doch bin ich noch zu blöde,
Ich kann nicht mit hinaus.
Dank für des Sitzes Theilen
Auf buntbeschwingtem Roß!
Ach, ich muß hier noch weilen
Im Keller und im Schloß!

Denn will ich von den Stufen
Mich schwingen auf dein Pferd,
Da treibt der Mutter Rufen
Mich mahnend an den Heerd.
Rasch muß ich da erbeben:
Dein Roß bei diesem Ton
Und all das süße Leben
Flieht schüchtern mir davon.
So muß ich denn noch zagen;
Doch bin ich dir vereint,
Da mag das Roß mich tragen
So weit der Himmel scheint.

Josef sollte eben eine Anstellung im österreichischen Staatsdienste erhalten und war im Begriff sich mit der geliebten Jungfrau zu vermählen; als aber der Aufruf des Königs Friedrich Wilhelm III. von Preußen am 3. Februar 1813 erfolgte, kehrte er in die Heimath zurück und trat in Breslau als freiwilliger Jäger in das Lützow'sche Corps. Die Braut, welche in gewitterschwüler Zeit die Trennung geahnt, aber in patriotischer Begeisterung derselben nicht widerstrebte, und nur für das theure Leben des Geliebten in großer Besorgniß schwebte, gab nach dem Abschiede ihrem tiefen Leide und frommen Gebet in folgenden Strophen Ausdruck:

Nicht umsonst schlugst du, o Herz;
Unfern war der bittre Schmerz.
Fort mit seinem letzten Blick
War mein ganzes irdisch Glück.
Krieg, so schallt's von Weitem her
Durch das Land und über's Meer,
Und für's Vaterland zum Streit
Eilt mein Liebster schon bereit.
Gott der Liebe, der mich schuf,
Höre einer Armen Ruf,
Die im heißesten Gebet
Auf zu dir um Rettung fleht.

Während des Waffenstillstandes im Juli nahm der Freiherr mit Veit seine Entlassung, um bei einer andern Truppengattung einzutreten. Ueber Berlin gingen sie nach Schlesien. Josef besuchte auf einen Augenblick Braut und Eltern und eilte dann über Dresden nach Böhmen. Wieder zurückkehrend ward er im October als Officier dem zweiten Landwehr-Regiment zugetheilt, in welchem sich auch der Adjutant Karl Schäffer befand, der später Zeichnenlehrer am Gymnasium zu Ratibor wurde, dem er ein Jahr später die Abschiedsverse:

„In verhängnißschweren Stunden,
Streitend für das Vaterland 2c."

widmete und dem er stets befreundet blieb. Im Januar bildete das dritte Bataillon die Besatzung von Torgau. Von dort begab er sich noch vor Abschluß des Pariser Friedens nach Schlesien und es fand am 14. April 1814 die langersehnte Vermählung in Breslau statt.

Von Lubowitz, wo die Flitterwochen verlebt wurden, zog das junge Ehepaar nach Berlin.

Als Napoleon am 26. Februar 1815 Elba verließ und den Krieg wiederum eröffnete, griff auch der Dichter Ende April von Neuem zum Schwerte, kehrte nach geschlossenem Frieden von Paris nach Lubowitz zurück, wohin die Gattin mit ihrem Erstgeborenen vorausgegangen und trat December 1816 bei der Königlichen Regierung zu Breslau als Referendar ein. Nachdem er 1819 in Berlin die große Staatsprüfung mit Auszeichnung bestanden, wurde er 1821 zum Regierungs- und Schulrath in Danzig und 1824 zum Regierungs- und Ober-Präsidialrath in Königsberg befördert.

Im Jahre 1822 legte er dem Minister v. Altenstein über die Verbesserung des katholischen Kirchenwesens in Westpreußen eine Denkschrift vor, die gerechte Beachtung fand. Mit dem ausgezeichneten Bischofe von Ermland, Prinz Josef von Hohenzollern, kam der junge Rath, ein treuer Sohn der Kirche, der sich der kath. Glaubensbrüber mit Eifer annahm, in dem reizenden Oliva oft zusammen. Der Aufenthalt in Königsberg ward ihm besonders werth durch die warme Freundschaft des ehemaligen Ober-Präsidenten Heinrich Theodor v. Schön, der später Staatsminister wurde.

Im Sommer 1828 besuchte der Dichter mit seiner Familie die Schwiegereltern, und brachte mehrere Monate in Pogrzebin zu. Von da machten sie einen Ausflug ins Riesengebirge.

Von 1831 ab arbeitete der Freiherr als Rath, seit 1841 als Geh. Rath in der katholischen Abtheilung des Cultusministerium zu Berlin, verließ aber wegen Eichhorn 1844 den öffentlichen Staatsdienst und ging nach Danzig, nachdem er vorher die Wiederherstellung des Schlosses Marienburg ausgearbeitet. Zum Dank für die Verdienste bei Erneuerung des ehemaligen Sitzes der deutschen Ordensmeister hat die Schloßverwaltung zu Marienburg des Dichters Namen und Wappen in einem bunten Fenster verewigt.

Im Jahre 1841 war eine kleine Gesammtausgabe seiner poetischen Werke, die er Friedrich Wilhelm IV. widmete, erschienen.

Im Jahre 1845 feierte er in Mähren die letzte Zusammenkunft mit dem älteren Bruder Wilhelm, den er 1820 in Wien und 1838 in München gesehen. Die Sommermonate nämlich brachte er gern auf seinem, in einem anmuthigen Thale des Kuhländchens gelegenen Sedlnitz zu, obgleich das Schloß barock und unbequem. Nach Lubowitz ging er nach dem Tode der Mutter nicht mehr. Die schlesischen Besitzungen hatte er zudem früh verloren. Der Glanz des elterlichen Hausstandes und die langjährigen schweren Lasten des französischen Krieges hatten die Güter mit Schulden überbürdet und wurden sie allmälig verkauft.

Lubowitz fiel 1823 an den Oberlandsgerichtsrath Wilhelm Zolmer, von dem es 1839 Carl Michura (seit März 1842

Landrath). 1851 Victor Herzog von Ratibor für 50 Mille erkaufte. Letzterer ließ das Schloß renoviren. Die Schlesischen Provinzialblätter Jahrgang 1872 S. 553 geben aber einen Holzschnitt von der ehemaligen Geburts- und Wohnstätte des deutschen Dichters nach einer Skizze von Gustav Starke.

Radoschau kaufte 1824 Carl Graf Strachwitz, 1833 Bernhard Freiherr von Welczek auf Laband, 1839 Heinrich von Wrochem Justiziar und 1866 Dr. Gustav Schön auf Chroft.

Slawikau incl. Laffoki und Grzegorzowitz erwarb 1831 für 62 Mille Justizrath Ernst v. Eickstädt. Derselbe als wohlwollender Patron war, da das alte Gotteshaus aus Holz nur den zehnten Theil der Eingepfarrten fassen konnte, bereit, den Bau einer massiven Kirche zu unterstützen. Es war am 23. April 1843, am Feste des hl. Georg, an welchem der Ortspfarrer 17 Jahre vorher seine Primiz gehalten und zwei Jahre später seinen Parochianen zum ersten Mal das Wort Gottes verkündet hatte, als der fürstbischöfliche Commissar und Stadtpfarrer von Ratibor Franz Heide den Grundstein zur neuen Kirche legte. Die Consecration des vollendeten Gotteshauses erfolgte schon am 5. October 1845 durch Weihbischof Daniel Latuffek. Die alte hölzerne Kirche wurde 1851 in Zabelkau aufgestellt. Als der Oberst a. D. Ernst v. Eickstädt 22. Juni 1873 starb, folgte als Besitzer der Sohn Adolf. Am dritten Ostertage 1876 feierte der geistliche Rath und Erzpriester Krause sein 50jähriges Priesterjubiläum.

Im Herbst 1846 ging Josef Freiherr v. Eichendorff nach Wien und genoß im nächsten Sommer die Freude, mit seiner geistreichen und talentvollen Schwester Luise in Baden zusammenzutreffen. Von 1848 bis 1850 hielt er sich in Dresden, von da ab bis 1855 in Berlin auf, wo sein gastfreies Haus zahlreiche Freunde von Nah und Fern versammelte. 1853 hatte ihm König Maximilian von Baiern den Maximilianorden für Wissenschaft und Kunst verliehen, der eben in diesem Jahre am 28. November gestiftet worden.

Als die Gattin am 3. December 1855 bei einem Besuche der Tochter zu Neisse starb, bezog er daselbst das Landhaus v. Rochus und verweilte im Herbst 1856 und 1857, vom Fürstbischofe Heinrich eingeladen, mehrere Wochen auf dem Felsenschlosse Johannisberg. An seinen ehemaligen Aufenthalt erinnert noch im Park daselbst ein Plätzchen „Eichendorffsruh" genannt. Auf den Wunsch desselben Kirchenfürsten sammelte der Dichter Material zur Lebensgeschichte der hl. Hedwig, vor deren Bearbeitung ihn aber der Tod abrief. Aus der Hand des Kaplan Carl Hertlein (später Domprediger und Consistorialrath, jetzt Pfarrer von Ottmachau) empfing er die hl. Sterbesakramente und übergab nach neuntägiger Krankheit am 26. November 1857 seine Seele in die Hände des Schöpfers. Die „Vossische Zeitung" in Berlin brachte einen vortrefflichen Nekrolog, den das „Märkische Kirchenblatt", zu Ehren und zum Andenken des ehemaligen Mitgliedes der St. Hedwigsgemeinde, wiedergab. An dem letzten Hause auf dem Berge der Friedrichstadt, Nr. 15, zu Neisse, wurde 1860 eine steinerne Denktafel errichtet, welche die Inschrift trägt: „In diesem Hause starb am 26. November 1857 der Dichter Josef Freiherr v. Eichendorff". Die zweite Auflage seiner sämmtlichen Werke erschien Leipzig 1864.

Henriette Sofie Eleonore Constanze Caroline Johanne, geboren am 29. December 1791 wurde vom Oheim Rudolf Baron von Eichendorff auf Radoschau und der Frau Sofie von Kamienitz aus der Taufe gehoben, starb aber schon am 7. April 1797 an den Pocken.

August Adolf Johann Nepomuk, geboren am 24. October 1793, hatte die Großeltern Carl und Elionore von Kloch zu Taufzeugen, wurde aber gleichfalls von den Blattern ergriffen noch vor dem Schwesterchen am 26. März 1797.

Luise Antonie Sofie, geboren am 13. Juni 1799 am 16. desselben Monats vom Ortspfarrer Johann Moczygemba getauft, hatte die Tante Sofie, verwittwete Oberst von Kamienitz und den Johann von Paulor aus Radoschau zu Pathen. Im Alter von vier Jahren wurde sie am 10. September 1803 von Krämpfen hingerafft.

Gustav Adolf Carl, geboren am 7. September 1800, getauft am 10. desselben Monats, hatte dieselben Pathen, wie die im vorigen Jahre geborene Schwester, und war derselben schon am 25. April 1803 im Tode vorausgegangen.

Luise Antonie Nepomucene Johanna, erblickte am 13. April 1804 das Licht der Welt, und überlebte alle ihre Geschwister. Bei der Taufe am 17. waren die Großmutter Eleonore und Johann v. Paulor Zeugen. Nach dem Tode der Mutter verließ sie Lubowitz und wurde von ihrer Tante der verwittweten Anna Maria Freiin von Eichendorff geborenen Gräfin Hoverden in Schillersdorf freundlich aufgenommen. Dort verlebte sie an der Seite dieser vortrefflichen Dame mehre glückliche Jahre, wurde von derselben im Codicill vom 2 October 1829 mit einem Legat von 3000 Thalern bedacht, war bei Eröffnung des Testamentes am 21. Januar 1831 zugegen, wartete bei der Standesfrau der Herrschaft Oberberg, Johanna Nepomucene von Gusnar geborene Lady Fritz Patrik die Auszahlung des Legates ab und ging dann nach Wien, lebte auch einige Zeit bei ihrem Bruder Wilhelm in Trient. Dem, durch seine „Studien" berühmten Dichter Adalbert Stifter, der in Wien und Linz weilte, war sie geistig befreundet. Um das Jahr 1840 zog sie nach Baden bei Wien, wo sie lange einsam ein Landhaus bewohnte und daselbst am 15. Februar 1875 starb.

Josef, der letzte Romantiker, hat folgende Descendenz:

Hermann Josef Johann Adolf Martin, geboren am 30. August 1815 in Berlin, besuchte nach genossenem Privatunterricht die Gymnasien zu Königsberg und Berlin, worauf er auf der Universität Bonn Jura studirte. Nachdem er mehrere Jahre in Danzig als Referendar, in Berlin als Assessor gearbeitet, wurde er als Regierungsrath nach Aachen befördert, woselbst er gegenwärtig noch weilt. Am 24. Juni 1856 vermählte er sich mit Clara, Tochter des Rentier Simon in Bonn, welche ihn mit folgenden Kindern beschenkte: Maria, geboren 29 März 1858, starb in der Kindheit; Hedwig, geb. 24. Februar 1860; Arnold, geb. 24. September 1861, befindet sich im Cadettencorps zu Bensberg; Karl, geb. 24. Februar 1863, besucht das Gymnasium der Vaterstadt; Anna, geb. 22. December 1866; Waldemar, geb, 28. März 1868; Hermine, geb. 15. Decbr. 1870.

Marie Therese Alexandrine, geboren am 9 Mai 1817, vermählte sich am 6. Juli 1837 mit Ludwig Besserer v. Dahlfingen. Derselbe starb 21. März 1858 als Major im 23. Infanterie-Regimente und Director der Divisionsschule in Neisse. Die Wittwe zog nach Sedlnitz, ging 1870 nach Berlin, drei Jahre später nach Liegnitz und siedelte sich August 1876 in Dresden an.

Rudolf Josef Julius, geb. 19. April 1819, besuchte zunächst das Gymnasium in Berlin, von 1834 bis 1837 in Braunsberg, dann in Glatz. Nachdem er sich hierauf zum Fähnrichsexamen vorbereitet, trat er 1838 zu Danzig in das 5. Infanterie-Regiment ein und wurde 1840 Offizier. In dem Revolutionsjahre 1848 marschirte er mit seinem Bataillon nach Liegnitz, um die dortigen Unruhen zu dämpfen, kehrte 1851 nach Danzig zurück, wurde Premierlieutenant und verblieb daselbst als Adjutant des ersten Bataillon und Auditeurofficier bis 1853, wo er sich am 30. October mit Maria Amalie Ferdinande, Tochter des Rentier Thymian verehelichte, seinen Abschied nahm und als Hauptmann a D. sich in Sedlnitz der Landwirthschaft widmete. Daselbst wurden ihm folgende Kinder geboren: Hedwig am 19. August 1857, starb an der Auszehrung am 3. September 1874; Margarethe, geboren 12. Januar 1859; Hartwig, geboren 12. April 1860, besucht die königliche Ritterakademie in Liegnitz.

Zur besseren Erziehung der Kinder kehrte der Vater 1871 aus Mähren nach Liegnitz zurück

Nachdem wir den Hauptstamm in directer Reihenfolge bis auf die Gegenwart aufgeführt, erübrigt noch der Seitenlinien zu gedenken, die bereits zu Ende des vorigen und Anfang des jetzigen Jahrhunderts ausgegangen sind. — Zunächst stellen wir die Nachkommen des Hartwig Erdmann als Besitzer des Lehnguts Seblnitz auf:

Carl Maximilian Freiherr v. Eichendorff, geb. 1681, vermählte sich in Troppau am 15. Februar 1708 mit Anna Barbara Josefa geb. Mendl v. Turlach, die 1683 geboren war. Nachdem Wolfgang Hannibal Graf v. Schrattenbach Bischof von Olmütz geworden, legte Carl im September 1712 die Reversalien ein und wurde ihm über den geleisteten Lehnseid am 10. Oct. die Investitururkunde ausgefertigt. Als dann Jacob Ernst Graf v. Liechtenstein als Bischof folgte, wurde der Lehnseid laut Revers vom 29. April 1740 erneuert. Carl hinterließ bei seinem 1747 erfolgten Tode die Wittwe, die nach Olmütz zog und einen Sohn, der als Lehnsbesitzer folgte. Es war

Gottlieb Josef Carl Borromäus Franz de Paula Ignatz Anton v. Padua Dominik, getauft in Troppau am 4. November 1718.

Er vermählte sich 1740 mit Maria Ignatia, Tochter des Anton Diamant v. Diamantstein und der Maria Maximiliana Strachowsky v. Strachowitz. Der Investiturbrief für ihn wurde 25. August 1747 ausgefertigt. Unter diesem Besitzer wiederholte sich der Zwist mit der Lehnsgemeinde und fertigte Cardinal Ferdinand Julius Graf v. Troyer im Juni und October 1748 zwei Urtheile aus. Nach Wiederbesetzung des bischöflichen Stuhles meldete er am 18 Juli 1759 den Lehnseid an, welchen er jedoch wahrscheinlich wegen schwerer Erkrankung nicht selbst, sondern für ihn, nach ertheilter Vollmacht, Joachim Harassowski v. Haras, auf dem benachbarten Lehngut Kattendorf gesessen, leistete Der Revers wurde am 12., der Investiturbrief am 14. September ausgestellt. Der Besitzer starb schon am nächsten 7. October mit Hinterlassung von zwei minorennen Kindern:

Josef Ignatz Johann Nepomuk Carl Borromäus Franz v. Paula Vincent Ferrerius Maximilianus, getauft in Troppau am 29. Mai 1743, war erst 16 Jahre alt, als der Vater starb und studirte damals Rhetorik im Ferdinandi'schen Convicte zu Olmütz. Die Vormundschaft führte Carl Josef Graf Vetter von der Lilien auf Neuhübel und Sikowetz. Am 6. Juni 1767 legte er schon selbst Reversalien ein, ebenso gab er am 9. Juli 1779 den Lehnsrevers über das Gut und erfahren wir aus demselben, was zum Lehnsbesitze gehörte, nämlich: das aus Stein und Holz erbaute Schlössel, Scheuern, Brau- und Malzhaus, Vorwerk, Aecker, Gärten, Wiesen, der durch das Dorf laufende Fluß, das Branntweinhaus, der Wein-, Bier- und Branntwein-Schank, Eichwald, Mühlen, Unterthanen ꝛc. Am 14. Sept. wurde er investirt und starb am 24. October 1795.

Der zweite Sohn, Maria Josef Jahann Nepomuk Theofil Athenogenes Peter von Alcantara Franziscus Seraphicus Michael, geboren am 15. August 1744, starb zeitig.

Maria Anna Therese Catharina Martha Barbara Constanze, geboren zu Sedlnitz am 13. Januar 1746, lebte nach des Vaters Tode bei der Großmutter von Mendl in Olmütz, vermählte sich 1772 mit Michael Philipp, Reichsgraf von Althan, geboren 22. Juni 1736, der vormals k. k. Hauptmann des Regiments Pallavicini war und als k. k. Kämmerer, Gubernialrath in Mähren und Kreishauptmann von Brünn, 27. November 1795 mit Tode abging.

Der jüngste Sohn, Vincent Anselm Anton Bonifaz,

geboren 14. Mai 1748, starb zeitig. Nach Josef's Tode, der keine Nachkommen hatte, wurde das Lehngut am 9. December 1795 kaduk erklärt, später aber den Verwandten, Freiherrn Johann Friedrich auf Tworkau Adolf auf Lubowitz, und dessen Brüdern Vincent und Rudolf, laut Protokoll vom 14. bis 16. Mai 1798 übergeben und erhielten dieselben am 19. die Investitur. Laut Vertrag vom 29. August übernahm Johann Friedrich die Administration und Nutznießung des Lehnes mit der Verpflichtnng, den Uebrigen 900 Floren jährlich zu zahlen. Nach dessen 1815 erfolgtem Tode einigte sich Adolf und dessen Brüder am 21. Februar 1817 dahin, daß Ersterem die Verwaltung überlassen wurde. Als auch er starb, ward am 26. Juni 1820 für dessen Söhne Wilhelm und Josef und seine Brüder, die obengenannten Vincent und Rudolf, die Recognition über geschehene Anmeldung zum Homagium ertheilt und Ferdinand Stücker Ritter von Mayerhof zur Vertretung ermächtigt. — Die Porträts sämmtlicher Lehnsbesitzer, von Hartwig Erdmann ab, fand Josef zufällig bei einem Tröbler in Ratibor, an den sie wahrscheinlich bei der Subhastation von Lubowitz gerathen waren. Es sind dies theilweise sehr gute Oelgemälde und enthalten auf der Rückseite die Namen der Originale. Die Bilder sind in Sedlnitz sämmtlich wieder geborgen, und erklärte ein dänischer Hofmaler, der sie dort gesehen, zwei derselben für wahre Kunstwerke.

Nach dem Tode des Dichters wurden dessen Söhne am 23. Mai 1859 für Sedlnitz investirt.

Zum Schluß haben wir noch die Tworkauer Seitenlinie, die auch die Herrschaft Schillerdorf erwarb, zu erwähnen. Amadeus (=Gottlieb) Leopold, jüngerer Sohn des im Jahre 1750 auf Deutsch-Krawarn verstorbenen Johann Rudolf Freiherr von Eichendorff, wurde am 19. October 1727 geboren und vom Ortspfarrer Josef Gillar getauft. Pathen waren: Gottlieb Baron von

Trach auf Tworkau und Josefa von Rogoisky geb. Smerowska, Erbfrau von Gr.-Hoschitz, welche im Jahre 1746 starb.

Gottlieb schloß am 1. October 1752 mit seinem ältern Bruder Rudolf Johann einen Erbvergleich, wonach er ihm die Herrschaft Deutsch-Krawarn für die Halbscheide des Schätzungswerthes (260,000 Gulden) abtrat und für dieselbe Summe (130 Mille) am 29. November 1752 die Herrschaft Tworkau kaufte, wozu Elgot, Bukau und Kamin gehörten.

Tworkau, abgeleitet von twrc, twrz = Kastell, Burg, ist der Stammsitz eines Zweiges des oben erwähnten Geschlechts Krawarz, von welchem Mitglieder bis zum Anfange des 15. Jahrhunderts daselbst angesessen waren. 1339 war der Ort bereits Kirchdorf, da Laurentius als Pfarrer urkundlich auftritt. 1437 besaß Johann Klema v. Elgot einen Antheil des Dorfes. 1469 gehörte Tworkau, Ruderswald und Kamin dem Wenzel und Heinrich v. Lubanitz auf Roketnitz bei Prerau. Hynek Freiherr v. Lubanitz verkaufte 1493 die Herrschaft für 2150 Dukaten an Paul Schumberski und dieser 1503 dem Georg, Johann und Peter Stoß v. Kaunitz. Um diese Zeit muß die Kirche erneuert worden sein, denn der Abt Nicolaus v. Rauden erhielt 1519 vom Bischof Johannes v. Turzo den Auftrag, sie zu consecriren. Daß das ziemlich entfernte Ruderswald (bis 1854) Filiale von Tworkau gewesen, hat seinen Grund in der Zusammengehörigkeit der Güter. Georg v. Stoß veräußerte 1538 die Herrschaft an den Schwager Johann Supp v. Füllstein. Der als Sonderling bekannte Erich Supp überließ die Güter 1558 dem Landrichter Caspar Wiskota v. Wodnik auf Poln. Krawarn, der den Neubau des noch bestehenden Schlosses begann. Vor zwei Jahren nämlich wurde bei dem Abbruch des Thurmes in einem Fenster ein Denkstein mit der Jahreszahl 1567 gefunden.

Nach dem 1574 erfolgten Tode Wiskota's kaufte die Herrschaft Johann Beeß v. Cölln und Katowitz. Dessen jüngerer Bruder, Adam, überließ sie 1585 für 25,000 Gulden dem Schwiegervater Hinko Petrowitz v. Charwat auf Niedane, der den Schloßbau weiter führte. Nach ihm folgten als Besitzer Friedrich Czettritz v. Kinsperg, 1621 Samuel Pessota v. Steblau. Letzterer machte am 15. Januar 1631 das Testament und wollte in der Pfarrkirche zu Ratibor begraben werden.

Von dessen Wittwe Marie Salome geb. Burggräfin v. Dohna, aus dem Hause Langenbrück, die inzwischen den Nicolaus Firlege v. Dombrawitz „Boniewski" auf Kobilschitz geheirathet, erkaufte die Herrschaft 1637 der Landeshauptmann v. Breslau, Oberst Wilhelm Bork Freiherr v. Rostropitz, der am 12. November 1641 in Breslau starb und bei St. Vincenz bestattet wurde.

Caspar v. Bork und sein Vetter Johann verkauften den ererbten Besitz am 17. Februar 1651 der Gattin des Wenzel v. Reißwitz, Eva geb. Wilczek von Gutenland und Hultschin für 23,000 Rthlr. Sie machte am 11. Juni 1654 ihr Testament. Wenzel, der am 14. November 1653 Freiherr geworden, nahm in zweiter Ehe die Mariane Eleonore, Tochter des Johann Bernard Freiherr v. Miltzan auf Neuschloß. Er machte am 1. März 1664 seine letzte Willenserklärung, die am 16. Juni 1669 publicirt wurde. Ein 1666 an das Schloß angefügter hölzerner Anbau wurde 1871 abgetragen. Der Leichenstein beider Gatten, mit Wappen und Inschrift, der in der Kirche nicht aufgestellt werden konnte, weil diese am 2. Mai 1676 abbrannte, wurde über der Eingangspforte zum Schloß eingemauert und ist seit mehreren Dezennien an einer schattigen Quelle im Park aufgestellt.

Tworkau, ehemals stark bevölkert, da es vor dem dreißigjährigen Kriege 50, am Ende desselben nur 34 Bauern zählte, sank nach dem Kirchenbrande, wobei das ganze Dorf eingeäschert wurde, bis auf 21 Bauern herab.

Wenzel Freiherr von Reißwitz hinterließ zwei Söhne. Johann Wladislav überließ Tworkau, Rudersvald, Kamin, Bukau und Elgot 1685 dem jüngern Bruder Georg für 32,600 Thaler. Bukau war schon 1603 von dem Großvater Wenzel, und Elgot 1643 von Stanislaus auf Lubom, dem Vater des ersten Freiherrn, erworben worden. Die Kirche zu Tworkau, von 1691 bis 1699 massiv aufgeführt, wurde 17. October 1697 durch den Weihbischof Johann Freiherr von Brunetti consecrirt. Am Deckengurt vor dem Presbyterium halten zwei Genien das Reißwitz'sche Wappen. Halbmond und die beiden Sterne aus demselben zieren noch die Spitze des Signalthürmchens, während der eiserne Namenszug und die Freiherrnkrone auf der Spitze des großen Thurmes 1861, als sie den electrischen Strahl herbeigezogen, durch ein vergoldes Kreuz mit Blitzableiter ersetzt wurden.

Georg, welcher 1706 als Kammerherr des Kurfürsten von Sachsen starb, hatte schon vor Ende des 17. Jahrhunderts die Herrschaften Tworkau und Grabowka der einzigen Tochter hinterlassen, die am 7. März 1680 geboren, sich mit Melchior

Otto Freiherr von Bobenhaus auf Mühltroff im Voigtlande vermählte und 1698 die Mittelglocke in Tworkau beschaffte. Am 24. April 1714 verkaufte sie die Güter Tworkau, Elgot Bulau und Kamin für 112,000 rheinische Floren an Gottlieb Freiherrn von Trach auf Kornitz und Bransdorf, Landeshauptmann des Fürstenthum Jägerndorf, Rath des Herzogs von Liechtenstein, 1730 aber die Herrschaft Grabowka für 128,000 Gulden an den fürstl. Rath und Landrechtsbesitzer Franz Leopold Graf Lichnowsky auf Odrau und Ruberswald 1731 für 13 Mille an Carl Gabriel Freiherr von Wengersky auf Krzizanowitz. Gottlob von Trach, seit 12. Februar 1713 mit Helene Gräfin Sobeck aus Ratibor vermählt, verkaufte 1731 Kornitz, Bojanow, Woinowitz, Lelartow, Zitna, Halbsudol und Vorwerk Ottitz für 95,000 Gulden an Hieronym von Bernini, starb plötzlich am 6 Juni 1744 und ruht in der Gruft zu Tworkau. Er hinterließ keine Descendenten und fielen die Güter an dessen Schwester Johanna Eleonore Gräfin Curschwand, welche alt und ohne männliche Nachkommenschaft die schlesische Besitzungen für 28,000 Gulden an ihre Schwägerin überließ. Außerdem vermachte sie zum Seelenheile des Verstorbenen 3000 Floren dem Franziskanerkloster zu Ratibor.

Die Wittwe übernahm die Herrschaft und heirathete den Generalmajor Friedrich Wilhelm Baron von Kyau. Die Ehe segnete Fürstbischof Philipp Gotthard von Schaffgotsch am 22. Mai 1748 zu Tworkau ein.

Vier Jahre später verkaufte sie die Herrschaft an Gottlieb Leopold Freiherr v. Eichendorff, der am 1. Mai 1756 Generalverzichtsquittung auf Deutsch-Krawarn leistete und schon am 3. September 1753 Ehepakten mit Caroline Benigne, Tochter des Carl Franz Freiherr von Skrbensky auf Schönhof Geh. Rath und Landeshauptmann von Teschen, geschlossen hatte. Sie brachte 8000 Gulden Heirathsgut, 4000 Gulden Hochzeitsgeschenk mit und wurden ihr 16 Mille als Gegengabe ausgesetzt. Doch starb sie schon am 22. Februar 1755, und die am 24. September 1754 geborene Tochter Maria Anna folgte kaum ein Jahr alt der Mutter zu Schönhof im Tode nach.

In zweiter Ehe vermählte sich der Freiherr am 26. April 1757 mit Anna Engelberta, Tochter des Gottlieb

Freiherr von Henneberg und der Aloysia Gräfin Zelecka auf Zaubitz Der Prälat Custos des Collegiatstiftes zu Ratibor Johann von Eicke copulirte in Gegenwart des Vaters und eines Bruders der Braut das Paar in der Pfarrkirche zu Zaubitz. Im nächsten Jahre errichtete der Grundherr die St. Johannes von Nepomuk-Statue im Dorfe, welche der Erzpriester Josef Rosali aus Janowitz benedicirte; auch stiftete er das ewige Licht vor dem Hochaltar, zu dessen Unterhaltung er jährlich 20 Gulden aus der Rentkasse anwies. Er starb am 16. October 1768 am Podagra und wurde am 19. in der Gruft der Tworkauer Kirche bestattet Die Wittwe überlebte ihn noch sieben Jahre.

Erbe war der einzige Sohn Johann Friedrich. Getauft am 6. November 1760 zu Tworkau vom Orts= pfarrer Mathias Josef Pietrzik, hatte er die Namen Johann Baptist Friedrich Leopold Engelbert Peter Alcantara Valentin erhalten. Kaum acht Jahre alt verlor er seinen Vater und wurde Theofil Freiherr von Henneberg auf Zaubitz dessen Vormund. Die Güter wurden dem noch Minorennen am 24. Februar 1772 civiliter verreicht. Die Feldkirche St. Urbani, schon 1687 reparaturbedürftig, wurde 1773 massiv auf= geführt. Die Kosten trugen die betreffende Kirchenkasse, das Dominium und mehrere Wohlthäter. Daß der Baron, welcher 1781 den Huldigungseid leistete, damals noch in Tworkau residirte, dafür haben wir ein Zeugniß in der Taufmatrikel. Als nämlich auf dem Schloß dem Lakai Andreas Weber 21. December 1781 und am 23. Juli 1783 je ein Sohn geboren wurde, hoben sie der Erbherr auf Tworkau Johann Friedrich und dessen Schwiegermutter Aloysia Freiin von Henneberg auf Zaubitz aus der Taufe. Zum Ankauf von Lubowitz lieh Friedrich dem Vetter Adolf 12,000 Thaler

Bei der Erblandeshuldigung König Friedrich Wilhelm II. zu Breslau am 15. October 1786 war unser Freiherr gegenwärtig und erhielt von demselben fünf Tage später aus Berlin die Kammerherrnwürde. Das Schloß bewahrt noch ein schönes großes Bild dieses Monarchen, der den Namen des Vielgeliebten erhielt und auch in Ratibor am 19. August 1788 festlich empfangen wurde.

Johann Friedrich schloß am 25. Januar 1787 Ehepakten mit der am 28. December 1763 gebornen Marie Anna Comtesse von Hoverden, denen am 24. Juni zu Hünern die Vermählung folgte. Der Canonicus Johann Miskowky v. Mirow copulirte das Paar und waren Eugen Freiherr von Henneberg, Carl v. Heyn und Aloysia Freiin v. Henneberg Trauungszeugen.

Der durch den Brautschatz bereicherte Besitzer kaufte sofort von Carl Freiherr v. Larisch für 79,200 Thaler die Herrschaft Schillersdorf, wozu die Dörfer Koblau, Antoschowitz, Marquartowitz, Haatsch und Gr.-Darkowitz mit mehreren Vorwerken gehörten.

Schillersdorf ist eine Ansiedelung des ehemaligen Cisterzienserklosters Welehrad in Mähren, das in der Umgegend schon vor 1250 die Dörfer Hoschitz, Bolatitz, Pyschcz, Haatsch, Darkendorf ꝛc. angelegt hatte. In den Stürmen der Husitenkriege gingen die meisten entfernten Besitzungen in weltliche Hände über. Im Jahre 1530 waren Johann Wol und Berla von Nassidel Eigenthümer von Marquartowitz, Kl.-Darkowitz und Schillersdorf; der Sohn des Erstgenannten, Alexander Wol, verkaufte sie 1557 dem Mathias Rottenberg von Katscher und Dirschel. Hierauf fielen die Güter an die Herrschaft Hultschin, deren Besitzer Stefan v. Wrbna Landeshauptmann von Troppau 1567 starb. Von den Söhnen erbten Bartholomäus Marquartowitz (das später an Hultschin zurückfiel), Carl Gr.-Darkowitz, Haatsch und Schillersdorf. Dessen Söhne Wenzel und Johann folgten im Besitz. Letzterer verkaufte die Güter nach dem kinderlosen Tode des Bruders 1609 der Bohunka Freiin Stoß von Kaunitz, die sie ihrem Gemahl Johann Geraltowsky von Geraltowitz auf Deutsch-Leuthen zubrachte, der noch 1618 genannt wird. Der Erbe Joachim v. Geraltowsky hinterließ bei seinem Tode die Güter der Gattin Anna Freiin von Kochtitzka, welche den Johann Heinrich Graf Schlik ehelichte. Letzterer starb 1639 und folgte der Sohn Wilhelm Heinrich. Als auch dieser 1660 starb und seine minorenne Tochter Marie Sofie Eleonore schon im nächsten Jahre im Tode nachfolgte, wurde die Herrschaft den Verwandten, Franz Graf Borro und Barbara Perpetua Gräfin Ursenbeck geb. Freiin von Mörder gerichtlich zugesprochen. Letztere beerbte nach kurzer Zeit den Mitbesitzer und verkaufte Schillersdorf 1674 für 30,000 Floren dem Jesuittencollegium zu Troppau. Rector war damals Johann Kastel. Die Intabulation der Herrschaft in die Landtafel geschah am 19. März 1674. In Folge dieses eingelegten Besitzes wurde der Rector des Collegiums in die Mitgliedschaft der Troppauer Stände und zwar in den Prälatenstand aufgenommen. Das Collegium erbaute 1713 die Kirche in Schillersdorf und 1731 in Haatsch, wo schon eine Pfarrei bestand, die 1653 nach Hultschin commendirt war. Da durch den Breslauer Frieden 1742 Schillersdorf an Preußen abgetreten wurde, die Herrschaft Olbersdorf aber, welche die Jesuiten seit 1625 besaßen, bei Oesterreich blieb, so tauschten die Troppauer und Neisser Collegien ihre Besitzungen und Schillersdorf fiel nach Neisse.

Nach Aufhebung des Ordens 1772 wurde das Gut königliche Domaine. Im Jahre 1785 beauftragte die Kriegs- und Domainenkammer zu Breslau den Schloßverwalter, die heiligen Gefäße nach Kupp zu schicken, wo sie in der neuerbauten protestantischen Kirche Verwendung finden sollten! Der übereifrige Beamte sendete zwei Kelche, Meßbücher und Meßgewänder nebst Bildern der heiligen Jungfrau und des Ordensstifters Ignatius nach der Colonie ab. Die Missalien und Bilder wurden nicht angenommen.

Am 6. August 1787 kaufte für 50,000 Gulden die Herrschaft der Kammerherr Carl Freiherr v. Larisch und verkaufte sie laut des am 28. November gerichtlich bestätigten Vergleichs um die weit höhere, oben angegebene Summe an Friedrich Baron v. Eichendorff auf Tworkau.

So waren jetzt zwei große Herrschaften, nur durch das Fürst Lichnowskysche Areal getrennt, unter einem Herrn vereinigt. Der Baron errichtete 1789 auf dem Tworkauer Areal an der Grenze von Benkowitz ein stattliches Vorwerk, Eichenhof genannt und wurde das zum Bau erforderliche Holz in Schillersdorf abgebunden. Schon 1781 hatte er vom Großvater Gottlieb Frh. von Henneberg auf Zaudiz 6400 Gulden geerbt und erhielt auch nach dem Testament der am 2. Februar 1790 verstorbenen Großmutter Aloysia Freiin von Henneberg

1000 Gulden. Die Baronin von Eichendorff erbte von ihrer am 26. März 1789 verstorbenen Mutter Anna Marie Christine geb. Freiin Hoverb-Plenken in Kapitalien 27,280 Thaler.

Als 1795 die Linie in Sedlnitz ohne lehnsfähige Descendenten ausgegangen und das Gut an die nächsten Agnaten fiel, so vereinigte sich Johann Friedrich mit seinen Vettern dahin, daß er die Administration übernahm und eine bestimmte Summe auszahlte.

Als in Schillersdorf ein Garten bei dem Schlosse angelegt wurde, erschien es wünschenswerth zur Ausgleichung und Vergrößerung desselben den anstoßenden bei der Kirche liegenden, zur Haatscher Pfarrwidmut gehörigen Garten, der nach Abzug des darauf befindlichen Kirchenweges 480½ Quadratruthen betrug und auf dem ein Wohngebäude mit zwei Ställen stand, zu erwerben. Der Grundherr vereinigte sich am 13. Mai 1797 mit dem Pfarrer Simon Osmanczik unter Beistimmung des Dechant Hieronymus Schallmeyer aus Hultschin dahin, daß er ein ebensolches Haus in der Nähe aufführe und er und alle künftigen Besitzer der Herrschaft für die abgetretenen Realitäten zwölf Floren termino Weihnachten alljährlich entrichten. Dieses, vom herrschaftlichen Justizamt attestirte Abkommen bestätigte das Olmützer fürstbischöfliche Consistorium am 23. October 1797.

Das Edict vom 8. April 1809, die persönliche Freiheit der Unterthanen betreffend, wurde von manchen Landleuten falsch verstanden und hatte Auflehnungen gegen die Gutsherrschaft zur Folge. Solche Widersetzlichkeit äußerte sich namentlich in Tworkau. Die Rebellanten verabredeten einen Hauptangriff auf einen bestimmten Tag und wurde ihnen von den jenseits der Oder gelegenen Ortschaften Hilfe zugesagt. Es trat aber Hochwasser ein und verhinderte den Frevel. Auf Veranlassung des Freiherrn kam eine Eskadron des 1. Schlesischen Husaren-Regiment aus Ratibor am 8. Februar 1811 dahin und nahm die Rädelsführer gefangen.

Johann Friedrich, der während des langjährigen Schloßbau's zu Schillersdorf des Winters in Troppau und des Sommers in einem einfachen Häuschen gewohnt und erst kurz vor seinem Tode einige fertig gewordene Zimmer bezogen, starb an einem Lungenleiden am 29. April 1815. Die Leiche wurde auf das Tworkauer Schloß gebracht und am 3. Mai in der Gruft der Pfarrkirche feierlich beigesetzt. Er hinterließ keine Nachkommen, da die am 6. Januar 1790 geborenen Zwillinge männlichen Geschlechts bald starben. Die Wittwe vereinigte sich wegen des Lehnguts im October mit den übrigen Participanten dahin, daß auf ihr Allodialantheil aus Seblnitz 3800 Gulden fielen. Nach Abzug der Sterbetaxe, Erbsteuer und Abfahrtsgebühr erhielt sie erst Ende December 1818 aus dem Brünner Depositum 3369 Gulden.

Nach der 1817 eingeleiteten Robot-Ablösung, wobei die Bauern ein Drittel ihrer Aecker abtraten und austauschten, wurde im Süden von Tworkau ein Vorwerk angelegt und zum Andenken an die Besitzerin der Herrschaft Annahof genannt. Der Grundstein zur ersten Scheuer wurde am 25. Mai 1819 gelegt

Auch die Wittwe wohnte im Winter meist in Troppau und errichtete im Codicill, Schillersdorf den 18. April 1823 bei den Kirchen in Tworkau und Schillersdorf eine Meß- und Kanzelfürbittfundation für sich und ihren Gatten Sie starb in Schillersdorf am 13. December 1830 im Alter von 67 Jahren und wurde am 18. in der Tworkauer Kirchengruft beigesetzt. Ihr Gemahl hatte in dem schon am 17. Juni 1789 errichteten Testamente den vier Kindern seines auf Deutsch-Krawarn verstorbenen Oheims Rudolf 20,000 Thaler als Legat vermacht, wenn die Gemahlin ohne Descendenz stürbe. Das übrige bewegliche und unbewegliche Vermögen fiel den Verwandten der Gattin zu. Erben waren: der Neffe Emanuel Graf von Hoverden auf Hünern, Landrath des Kreises Oilau, zugleich Bevollmächtigter der Herrschaften Schillersdorf-Tworkau und die Nichten Aloisia Baronin von Saurma, Philippine Gräfin Cappy, Clementine und Julie Gräfinnen Matuschka, sämmtlich geborene Comtessen Hoverden und Schwestern des Emanuel. Die Erben verkauften 1835 die schöne Herrschaft Schillersdorf für 165,000 Thaler an Franz Stücker v. Mayerhof, der dieselbe 1856 an Baron Rothschild für eine halbe Million veräußerte.

Der Herrensitz Tworkau war lange Zeit nicht mehr bewohnt worden. Als Schillerdorf verkauft wurde, war Graf Hoverden bemüht, der verwittweten Schwester Philippine Gräfin Cappy nebst Familie einen freundlichen Aufenthalt in Tworkau zu verschaffen. Zu dem Zwecke wurde unter Leitung des Rentmeister Ignatz Krause das Schloß wohnlich eingerichtet und ein anmuthiger Park angelegt. Am 11. Juni 1839 starb daselbst die Gräfin und wurde die Gruft, die damals die letzte Leiche aufnahm, für immer geschlossen. Eine Marmorplatte mit Inschrift an der südlichen Mauer innerhalb der Kirche und eine Meßfundation, welche ihr Schwiegersohne der kaiserliche Rittmeister Anton Freiherr Zawisch von Ossenitz machte, bewahren ihr Andenken.

In demselben Jahre wurde in Tworkau auf Veranlassung des Graf Hoverden, und zwar zuerst in Oberschlesien, das nach bairischer Art gebraute Bier erzeugt.

Von den Baron Eichendorff'schen Erben kaufte die Herrschaft 1841 Johann Gustav Graf Saurma Jeltsch für 205,000 Thaler. Unter ihm wurde drei Jahre später ein neues und geräumiges Schul- und Organistenhaus aufgeführt. Am 11. Juli 1861 feierte Graf Leopold, ein Sohn des Besitzers, seine Primiz in der Pfarrkirche im Beisein des Fürstbischofs Heinrich, vieler Geistlichen und Gäste. Die deutsche Festrede hielt Max von Klinkowström. Einige Wochen später, am 18. August nach Mitternacht, schlug der Blitz in den Kirchthurm und entzündete das Dach. Der Unerschrockenheit des Kirchenvorsteher Ignatz Bialas gelang es, das Feuer zu ersticken. Am 11. und 12. Juli des nächsten Jahres ertheilte der Fürstbischof an 2289 Personen die heilige Firmung. Am 15. December feierte der Besitzer seine 50jährige Jubiläums-jagd, an der zwei Herren, die gleichfalls bereits durch ein halbes Jahrhundert dem edlen Waidwerk obgelegen, und 26 andere Schützen Theil nahmen. Ein goldenes und ein silbernes Trinkgeschirr in Form eines Hasen war der Preis der Sieger aus der Zahl der Jubilare und der übrigen Gäste

Nachdem die Herrschaft am 31. December 1866 zum Fideicommiß erhoben worden, kam sie bei der väterlichen Theilung der Güter an drei Söhne, 1. Juli des nächsten Jahres an Carl Graf Saurma. Schon im Herbst wurde derselbe vom Kreise Ratibor, für die 8. Legislaturperiode, als Mitglied des Abgeordnetenhauses gewählt. Als der Krieg gegen Frankreich ausbrach, ließ er sich als Freiwilliger in das erste Schles. Husaren-Regiment Nr. 4 einreihen, machte den ganzen Feldzug in demselben Regimente mit und erhielt am 16. September 1870 das eiserne Kreuz. Der festliche Empfang des heimkehrenden Kriegers auf dem Schlosse Tworkau fand am 19. März 1871 statt. Der Graf begann dem alterthümlichen Schlosse ein freundliches Aeußeres zu geben und vergrößerte zur bessern Pflege des Viehstandes die Brauerei mit Dampfbetrieb. Bier nach Pilsener Art wird seit 1. October 1874 erzeugt. Nachdem schon in den Vorjahren zwei Thürme am Schlosse emporgewachsen, wird seit 1874 der große Thurm, der eine herrliche Umsicht gewährt, aufgeführt.

Nachträge.

Nach Behauptung der Genealogen stammt das Geschlecht der Eichendorff aus Baiern. Ein Marktflecken gleichen Namens liegt an der Vils im Landgericht Landau in Niederbaiern. Im vierten Bande der Monumenta boica, S. 115, begegnet man in einem Codex Ueberlieferungen des Kloster Formbach circa 1170 einem Ortwik von Eicenstorff, und S. 505 in einem Diplomatar des Klosters Reichensberg zum Jahre 1389 dem Heinrich Eichendorffer Pfleger zu Obernberg am Inn.

Damals finden wir die Familie schon im Herzogthum Magdeburg und Churfürstenthum Brandenburg.

Wohlbrück schreibt in seiner Geschichte des ehemaligen Bisthum Lebus: „Die von Eichendorf, welche ohne „Zweifel ihren Namen von einem längst eingegangenen „Dorfe haben, dessen Andenken nur noch durch die an „der Stobberow, innerhalb der Grenze des Lebusischen „Kreises gelegene Eichendorfische Mühle erhalten wird, „veräußerten ihre letzte Besitzung im Lebusischen Kreise „1593 und blühen noch in Schlesien. Weder in diesem „Lande aber, noch sonstirgendwo (?) ist ein Ort bekannt, „von welchem die Familie ihren Namen angenommen „haben könnte."

Dem verdienten Historiker ist nicht nur der oben genannte baierische Marktflecken entgangen, sondern auch zwei im Magdeburgischen eingegangene Dörfer Namens Eickendorf, das eine bei Burg, das andere bei Calbe an der Saale. Immerhin wird es aber schwer sein festzustellen, von welchem Orte das Geschlecht seinen Namen trägt. Wir wollen hauptsächlich aus Riedel's

Codex diplomaticus Brandenburgensis und aus dem Landbuche der Mark Brandenburg unter Kaiser Karl IV. kurze Nachrichten über die dort vorkommenden Familienglieder geben. Ersterer zählt in dem Zeitraum von 1323 bis 1572 über 50 Mitglieder des Geschlechts auf, das sich Eychendorp, Eykerdorp, Eyckerdorph, Eycken=dorp, Ekendorp, Ikendorp, Ickendorp, Ykendorp, Icken=dorff und Heykendorp schrieb.

Am 3. Mai 1323 vereigneten die Grafen von Lindow dem Kloster Zehdenik das Dorf Wendisch=Mutz und erscheint unter den Zeugen Arnold v. Ykendorp.

Derselbe Arndt von Ykendorpe tritt unter den Zeugen auf, als in demselben Jahre die Grafen Günther, Ulrich, Adolf und Busse von Lindow der Stadt Neuruppin wegen des Zolles 2c. gewisse Zugeständnisse machten, ebenso als dieselben Grafen 1325 der Stadt Wuster=hausen die hohen und niederen Gerichte beilegten, und bekannten, das Schloß Goldbek mit Zubehör von Alters=her vom Bisthum Havelberg zu Lehn zu tragen.

Als im nächsten Jahre die Grafen von Lindow die Bede von 40 Hufen zu Woltersdorf an die Herren von Benz verpfändeten, heißt er noch Arnold v. Ykendorp

26 Jahre später tritt ein Arndt von Ykendorpp wiederum unter den Zeugen auf, nämlich als Graf Ulrich von Lindow 1352 dem in der Pfarrkirche zu Gransee von einigen Wohlthätern gestifteten St. Bartholomäus=Altare drei Hufen in Sonnenburg bestätigte und Bischof Borchard zu Havelberg 1354 auf die Lehnsherrschaft Putlitz zu Gunsten des Herzog Albrecht von Mecklenburg verzichtete; ebenso 1356 als Graf Ulrich v. Lindow gewisse Hebungen aus Langen zur Stiftung eines Altares der Elendgilde in der Pfarrkirche zu Neuruppin ver=eignete, und am 14. Juni 1369, als sich die Grafen Albrecht und Günther von Lindow mit dem Herzog Kasimir von Pommern versöhnten. Noch in einer Ur=kunde vom 21. November 1372 kommt Arndt von Ykendorpe als Vermittler vor.

Am 15. Juli 1343 versöhnte sich Claus v. Seelow unter Zeugnschaft des Peter v. Eickenborp mit der Stadt Wriezen, deren Vorladungen seitens des Raths er verachtet hatte.

Ein Heinc von E. tritt 1344 auf. Es war wahrscheinlich derselbe Heinrich Eychendorff, dem Markgraf Ludwig der Römer am 11. November 1353 die Vogtei Lebus übertrug, bis er ihm wegen der im markgräflichen Dienste erlittenen Schäden, namentlich wegen eines verlorenen Hengstes und kleinen Pferdes genug gethan haben werde.

In einer Schuldverschreibung des Markgraf Ludwig des Römers für den Erzbischof Otto von Magdeburg am 2. April 1359 kommt vor der Ritter Jacobe v. Eykenborp.

In der Entscheidung von Streitigkeiten zwischen dem Pfarrer Heinrich Buckow zu Milow und der Stadt Rathenow am 27. December 1364 wird Bertram v. Eykendorpe als Zeuge genannt.

In dem rathhäuslichen Archive zu Müncheberg, einer Stadt auf der Mitte des Weges zwischen Berlin und Küstrin, befinden sich noch alte Originalurkunden, in denen einige Eichendorffs auftreten. Als nämlich am 6. August 1370 Hans Andreas zu Reichenberg sieben Schock brandenburgischer Münze vom Rath zu Müncheberg und dem Priester Caspar Platek lieh und sich verpflichtete vier Schillinge jährliche Zinsen an Weihnachten zu entrichten, verbürgten sich Peter Eykenborp zu Mögelin und Heinrich Eykenborp zu Reichenberg. Am 2. Februar 1376 versöhnten sich Heyne Eykenborp, Hans v. Mow und Otto Pul mit dem Rathe zu Müncheberg und versprachen zwölf Schock breiter Groschen Schadenersatz auf nächsten heiligen Jacobitag.

Karl IV., der für seinen Sohn Wenzel die Regierung der brandenburgischen Lande übernommen, ließ 1375 eine genaue statistische Beschreibung der Marken (das sogenannte Landbuch)) entwerfen, in welcher wir dem Geschlecht Eichendorff wiederholt begegnen. Wir heben nach E. Fidicin „Territorien der Mark Brandenburg" die betreffenden Orte hervor:

Jhlow ist ein Kirchdorf mit Rittersitz eine Meile nordöstlich von Strausberg, hat 73 Hufen, von welchen der Pfarrer vier, Rule und Ebel Eykendorf zwölf zu ihrem Hofe, Heyne, Degenhardt und Theobald v. Eykendorf 17 zu ihrem Hofe halten.

Schulzendorf, Dorf und Rittergut, ½ Meile südwestlich von Wriezen belegen. Das ganze Dorf, nämlich das Gericht, Patronatsrecht, die Dienste und Abgaben hatte Heyne Eykendorf zu Lehn. Dessen Nachkommen befanden sich noch 1450 im Besitze dieses Dorfes und hatten darin neun freie Hufen. Sie müssen dasselbe aber bald darauf an die v. Pfuel veräußert haben, denn 1472 gehörte es zu den Lehngütern des Ritter Nickel von Pfuel.

Werftphuhl, ein Vorwerk, welches um die Mitte des 14. Jahrhunderts wüst geworden sein muß, denn das Landbuch von 1375 führt dasselbe als gänzlich wüst auf. Die Feldmark bestand aus 36 Hufen. Da die abgabenpflichtigen Ländereien keine Besitzer hatten, so traten die Berechtigten in den Naturalbesitz. Es waren die Eykendorf und Lowenberg mit sieben Hufen.

Mögelin. Im Jahre 1453 erscheinen die Gebrüder Peter und Hans Eykendorff als Besitzer des Orts, welche dem Domherrn zu Lebus Johann Rosenhagen etliche Renten zu Mögelin verkauften.

Herzhorn, eine Meile südwestlich von Wriezen war in älterer Zeit ein Dorf, aber 1375 wüst. 1412 war ein v. Brant im Besitz einiger Hufen und weiß man nicht, wer die übrigen inne hatte. Erst die Theilungsurkunde der Gebrüder v. Barfuß aus dem Jahre 1485 ergibt, daß dieselben ¾ des Feldes Herzhorn besaßen, wovon das halbe Feld dem Hans Barfuß zu Kunersdorf und ein Viertel, welches früher Peter Eikendorf besaß, an Hennig Barfuß zu Mögelin überlassen wurde.

Bollersdorf, eine Meile östlich von Strausberg, ist ein Rittergut und Dorf. Im Jahre 1450 war die Familie Rüdeniß im Besitze des Dorfes. Sie trat 1486 ihren Theil an das Kloster Friedland ab und kam derselbe nach der Säcularisation 1568 an Joachim v. Röbel. Einen andern Theil besaßen die Eichendorf. Beide Gutsherrschaften begannen daselbst eigene Ackerwerke zu bilden, zu welchem Zwecke Valentin Röbel zwei Bauernhöfe mit zehn Hufen und Sigismund Eichendorf einen Bauernhof mit fünf Hufen auskaufte, für welche sie 1592 die Schoßbefreiung erhielten. Auch der Eichendorf'sche Gutsantheil kam hiernächst an die Familie von Röbel.

Theodor Fontane in seinen Wanderungen durch die Mark Brandenburg, zählt im Oberlande „Barnim und Lebus" den Ort Quilitz oder Neu-Hardenberg auf, wo zu Ende des 15. Jahrhunderts die Eychendorps, Pfuels und Barfuß saßen, deren Töchter im benachbarten Kloster Friedland den Schleier nahmen.

Aus Berghaus, Landbuch der Mark Brandenburg, heben wir heraus:

Wustrow im Oberbruch. Einen Antheil besaß 1448 die Familie v Eichendorf, welcher kurz nachher die v. Barfuß zu Predikow kauften.

Wir kehren jetzt zu der Riedel'schen Urkundensammlung wieder zurück:

Am 21. December 1380 ertheilte der erzbischöfliche Hauptmann Heyneke v. Schierstedt unter Zeugenschaft des Hans v. Eickendorpe und Anderer einen Schutzbrief für die Altmark. Derselbe Hans tritt noch 1407 als Zeuge auf. Dagegen war ein Hans v. Ifendorp, welcher im Dorfe Radensleben als Lehnsträger der Grafen Ulrich und Günther von Lindow angesessen gewesen, bereits 1399 verstorben.

Heinrich v. Eykendorp, Vasall des Erzbischofs von Magdeburg, überließ 1384 dem Cistercienser Nonnenkloster zu Althaldersleben das Dorf Lindhorst. Seine Mutter hieß Katharina.

In einer am 7 Januar 1414 für die von Schlabberndorf ausgestellten Schuldverschreibung des Burggrafen Friedrich v. Hohenzollern fungiren Peter und Hans genannt v. Eykendorff als Zeugen.

Degenhard v. Eykendorff war 1418 Vogt zu Wanzleben und wird mit mehreren Untersassen des Erzbischofs Günther von Magdeburg der Landesbeschädigung in der Mark angeklagt.

Ebenso wurden 1438 Achim v. Bülow und Cord Heykendorp bei den Beraubungen, die im Ruppin'schen seit dem Jahre 1426 von Meklenburg-Stargarder Seite verübt worden, genannt.

Am 3. August 1441 belehnte Kurfürst Friedrich von Brandenburg Johann und Heinrich von Eydendorff mit dem Hofe, Dorfe und Burglehn zu Dobrun und unter demselben Datum mit einigen Lehnsbesitzungen zu Merin und Dolchow. Derselbe Heinrich war bei einer kurfürstlichen Belehnung Adelheids von Kannenberg mit einem Leibgedinge zu Dobbrun am 28. Mai 1442 Einweiser. Am 21. Mai 1450 gestattete Markgraf Friedrich der Jüngere den Gebrüdern Johann und Heinrich von Eykendorpe die Verpfändung von Hebungen zu Dolgow an einen Altar zu Salzwedel.

Im Jahre 1442 nahm Conrad Bischof zu Havelberg und sein Schreiber Johannes v. Eykendorff die Huldigung der mecklenburgischen Städte Parchim, Plau und Malchin entgegen.

Am 11. März 1448 belehnte Kurfürst Friedrich von Brandenburg die Gebrüder Peter, Christof, Hans, Cuno und ihren Vetter Degenhard genannt v. Eykendorp mit Reichenberg bei Friedland, Schulzendorf, Mögelin, Herzhorn, sowie mit Antheilen von Wustrow, Barnim 2c.

Derselbe Degenhard tritt 6. März 1451 unter den Zeugen auf in einer Schuldverschreibung der Gebrüder Hans und Zacharias v. Plote über 10 Schock Groschen an den Rath zu Strausberg.

Johannes von Eickendorp, der 1445 als Altarist in der St. Annen-Kapelle zu Salzwedel auftritt, ist wahrscheinlich derselbe Johannes, der von 1447 bis 1459 Propst am Domstift St. Nicolai zu Stendal gewesen. Letzterem schenkte Propst Nicolaus Flögel zu Tangermünde testamentarisch 1451 einen Becher und messingenen Leuchter. Er tritt in Urkunden wiederholt als Zeuge auf und spielte eine hervorragende Rolle zu Gunsten des Wilsnaker Wunderblutes.

Als der Glaube an die Gegenwart Christi im hl. Altarssakramente und namentlich an die Gegenwart des Blutes in der hl. Hostie angefochten wurde, wirkte Gott zur Bestärkung der Wahrheit, daß unter jeder der beiden Gestalten der vollständige Leib Christi enthalten sei und darum mit dem Leibe zugleich das Blut mitgenossen werde, mehrere Wunder. Auch zu Wilsnak, einem Orte in der Priegnitz wurden nach dem Kirchenbrande am 16. August 1383 drei Hostien vorgefunden, die am Rande ein wenig vom Feuer versengt waren und auf denen sich je ein Blutstropfen befand.

Als noch andere wunderbare Erscheinungen sich an dieselben knüpften, gaben der Erzbischof von Magdeburg, die Bischöfe von Lebus, Brandenburg und Havelberg im nächsten Jahre zur Herstellung der Kirche Indulgenzbriefe, in denen das Wunderblut erwähnt wird. Bischof Rudolf von Schwerin gedenkt desselben Oculi 1391. Zahlreiche Pilger, darunter gekrönte Häupter wie Kaiser Karl IV., die Könige von Böhmen, Frankreich und England besuchten den Ort, der sich vergrößerte und Stadtrecht erhielt.

Es erhoben sich aber auch Gegner, welche auf Sumirung der alten Hostien drangen. Namentlich trat

Johann Huß aus Prag 1407 gegen die Aufbewahrung auf. Der Erzbischof von Magdeburg excommunicirte den Bischof von Havelberg und belegte Wilsnak mit Interdict. Unser Propst von Stendal aber sprach, beauftragt vom Propst zu Brandenburg, über jenen den Bann aus. Da dies großes Aergerniß gab, annullirte Papst Nicolaus März 1453 beide Strafverfügungen und erwähnen wir hier, daß der Prediger Joachim Ellefeld am 28. Mai 1552 das Kristallgefäß zerschlug und die Hostien in einem Kohlenbecken verbrannte.

Im Jahre 1457 erkrankte der Propst und entband ihn am 11. April das Domkapitel von den kirchlichen Functionen, zumal er als Ersatz eine Stiftung gemacht hatte. In einer Urkunde vom 28 März 1459, in welcher Markgraf Friedrich der Jüngere von Brandenburg dem Domcapitel zu Stendal Hebungen aus Göhre und Dalen verlieh, tritt Johann v. Eickendorppe noch als Propst auf, in einer späteren Urkunde vom 24. Mai 1460 ist schon von seinem seeligen Gedächtniß Rede.

Kurfürst Friedrich v. Brandenburg beleibbingte am 23. Juni 1463 die Gattin des Jost v. Zysar mit Besitzungen zu Bukow und gab ihr zum Einweiser den Peter Eykendorp zu Mogelin.

Bischof Theodorich bestätigte am 1. November 1471 unter Zeugenschaft des Sigismund Eickendorff, Notar des Consistorium und Anderer, die Stiftung eines Altares in der St Gertraud=Kapelle zu Bellin durch die Gebrüder v. Bellin.

In einer andern Altarbestätigung desselben Bischofes am 31. Januar 1472 nennt er sich Sigismundus Eikendorp loci consistorialis in Soigosor notarius.

Unter dem Hofpersonal des Markgrafen Johann im Jahre 1473 werden im Zimmer der jungen Frau genannt Elise Knobelstorf, Else Eychendorfs, ꝛc

Am 4. October 1473 bestätigte Arnold Bischof von Brandenburg unter Zeugenschaft der Vettern Ludwig und Otto genannt Eykendorpe die Altarstiftung der Schuhmachergilde zu Wriezen und als derselbe Bischof 11. April 1474 einige Altäre in der St. Catharinenkirche confirmirte, erscheint Ludovicus E. unter den Zeugen.

Am 23. Juni 1475 versprach Markgraf Johann denen v. Bartensleben Schadloshaltung wegen der Achim Eykendorff'schen Güter in der Altmark.

Wegen des Dorfes Reichenberg waren zwischen Peter Abt zu Chorin einerseits und den Eikdorffern und Hans Barfuß andrerseits Streitigkeiten entstanden, welche Markgraf Johann v. Brandenburg 18 October 1482 schlichtete.

Hans Eyckendorp zu Schwedt als Vormund des Peter Eyckendorps verkaufte 1584 einen Hof zu Mögelin und eine Wiese den v. Barfus zu Kunersdorf, die auch ein Lehn in Quilitz von Otto und Peter Eyckendorp zu Pilgram erworben hatten. Die von Stranz zu Petersdorf und Seifersdorf verkauften vermittelst ihres Vormundes Peter Eychendorff auf Pilgram 21. Februar 1485 ihren Freihof zu Briesen den Carthäusern zu Frankfurt.

Aus dem Kaufbriefe des Klosters Friedland, welches von der Familie Rubenitz das Dorf Bollerstorf 1486 erworben, erhellt, daß Grete Eickendorff Priorin war.

Arnd Ikendorp ist am 4. December 1490 Zeuge und erhielt 30. August 1491 vom Bischof Busse von Havelberg Belehnung mit Hufen des Dorfes Lentzke, welche die v. Kröcher gehabt.

In den Registern der Lehnsleute, welche dem Kurfürsten Joachim und Markgraf Albrecht v. Brandenburg 1499 und 1500 Huldigung geleistet, heißt es: Lebusische Edelleute, welche zu Frankfurt und Sternberg gehuldigt Caspar, Melchior, Georg, Brüder, seiner Brüder Söhne, Christof, nicht geschworen, Christof der Jüngere, Vettern Eyckendorff zu Pilgram.

Christof auf Pilgram ist 1512 als Sohn des verstorbenen Otto erwähnt. Derselbe Christof tritt 1534 als Zeuge auf, als Bartholomäus Strantz zu Sieversdorf seine Mühlpacht zu Mablitz an das Carthäuser Kloster zu Frankfurt erneuert.

In der Uckermark befand sich das Nonnenkloster Zehdenik, dessen Aebtissin Anna Ikendorff 6. December 1515 dem Kloster Spandau Hebungen aus dem Dorfe Lindenberg verpfändete. 1524 wird Otto v. E. genannt. Im Schoßregister des Adels im Lande Ruppin heißt es 1542: Otto Ickendorff zu Rabensleben gab 9 Flor. 16 Gr., Gesindelohn 8 Groschen.

Am 9. September 1538 überwies Kurfürst Joachim II. von Brandenburg dem Bisthum Lebus eine Anzahl neuer Lehnsleute, unter ihnen die Eichendorffe zu Pilgram.

In der Uebersicht der Lehnsmannschaft des Bisthums Lebus von circa 1572 begegnen wir dem Caspar, Sigismund und Borchard Eichendorff.

Nach der ziemlich lückenhaften Ahnentafel, welche sich zu Anfang des gegenwärtigen Jahrhunderts im Tworkauer Schloßarchiv befand und später an die Freiherrn v. Eichendorff auf Lubowitz ausgeliefert wurde, hieß der Vater des ersten Freiherrn Borkard, dessen Vater Heinrich, dessen Vater Hans, dessen Vater Christof und war dessen Großvater auf Schulzendorf angesessen.

In Leobschütz waren die Franziskaner 1541 von der protestantisch gewordenen Bürgerschaft ausgewiesen worden. Der Herzog von Troppau Karl Eusebius Fürst von Liechtenstein erließ Schloß Feldspurg den 17. September 1666 an den Landeshauptmann von Jägerndorf Jacob von Eichendorf ein Rescript, dem Franziskanerorden das alte öde Kloster mit allem Zubehör zu restituiren. Jakob starb über den Vorbereitungen. Erst sein Nachfolger Heinrich Matuschka v. Topolczan führte am 13. Juni des nächsten Jahres den Guardian P. Leopold nebst einigen Ordensbrüdern ein.

Dem Friedrich v. Eichendorff und Gemahlin Anna v. Henneberg wurde 1696 eine Tochter geboren, welche in der Collegiatkirche zu Ratibor am 31. Dec. die Namen Anna Franziska Maximiliana erhielt. Paten waren Georg v. Strzyssowski und Maria Ziegler.

In dem Testamente, welches Eva Eleonore geborene v. Slewitz, Gattin des Julius Heinrich Graf Rayhaus auf Olschowa, am 30. October 1713 zu Troppau errichtete, ist Georg Friedrich von Eichendorff als Zeuge unterschrieben.

Die Gattin des Gubernialrathes Wilhelm Freiherr v. Eichendorff Julie geborene Fischnaller ist im Sommer 1870 zu Innsbruck gestorben.